# 高等教育
# 公平论

徐国兴　著

On the Equity of Higher Education

华东师范大学出版社
·上海·

**图书在版编目（CIP）数据**

高等教育公平论/徐国兴著.—上海：华东师范
大学出版社,2022
ISBN 978-7-5760-3236-9

Ⅰ.①高… Ⅱ.①徐… Ⅲ.①高等教育－公平原则－
研究－世界 Ⅳ.①G649.1

中国版本图书馆 CIP 数据核字(2022)第 162647 号

国家自然科学基金面上项目"过程视阈下的优质高等教育机会
城乡差异及矫正措施的实证和政策研究"(71774056)

### 高等教育公平论

著　　者　徐国兴
责任编辑　孙　娟
特约审读　秦一鸣
责任校对　胡　静　时东明
装帧设计　刘怡霖

出版发行　华东师范大学出版社
社　　址　上海市中山北路 3663 号　邮编 200062
网　　址　www.ecnupress.com.cn
电　　话　021-60821666　行政传真 021-62572105
客服电话　021-62865537　门市(邮购)电话 021-62869887
地　　址　上海市中山北路 3663 号华东师范大学校内先锋路口
网　　店　http://hdsdcbs.tmall.com

印 刷 者　上海龙腾印务有限公司
开　　本　787 毫米×1092 毫米　1/16
印　　张　9.5
字　　数　143 千字
版　　次　2022 年 11 月第 1 版
印　　次　2022 年 11 月第 1 次
书　　号　ISBN 978-7-5760-3236-9
定　　价　32.00 元

出 版 人　王　焰

(如发现本版图书有印订质量问题,请寄回本社客服中心调换或电话 021-62865537 联系)

# 前 言

本专著分为相互联系而又相对独立的六章。每章试图从不同侧面分析高等教育公平。重点是精英高等教育公平。

第一章题为"社会公平中的高等教育公平"。在现代社会里,高等教育公平既是社会公平的一种新形式,也是促进社会公平不断提升的重要的政策手段之一。本章从这个基本思路出发,集中分析以下议题:普遍意义上的社会公平、社会公平框架中的高等教育公平、普遍意义的高等教育公平和精英高等教育公平,以及高等教育公平的中国特殊性。

第二章题为"视角和框架的采选"。长期以来,高等教育公平是重要的理论和政策研究领域。因此,既有研究积累相对较多。本章通过对经典的既有研究使用的基本方法和核心结果的综合比对,试图为本研究其后的分析提供系统而合理的观察的方法论。主要内容分为以下两部分:高等教育公平的观察视角的反思、选择以及理论分析框架的反思、选择。

第三章题为"政策的理念、现实与展望"。本章的分析焦点是现代社会的政府如何促进高等教育公平,侧重于其中的经济手段分析。使用经济手段的关键是解决受教育者的经济支付能力不足的问题。本章分析的核心点是:为什么要经济资助?什么资助形式最有效?资助制度如何运行?分别从政策的理念、现实与展望三个角度对上述议题展开分析。

　　第四章题为"公平机制分析"。现代社会中的现实高等教育总是存在不同程度的不公平。不同国度和时代关注的核心议题不同。我国当前最关注城乡高等教育公平,尤其是城乡精英高等教育公平。本章通过演绎实证的方法,以高等教育收益和收益率为基本指标,从长期视角综合地分析城乡高等教育不公平的基本表征、生涯及多世代变化趋势、外部劳动力市场制约机制和政策手段的公平效应。首先,比较城乡大学生的生涯的高等教育收益。其次,把收益与费用结合起来,从收益率的角度来比较城乡大学生的高等教育回报差异。第三,在高等教育费用中包括了大学期间的学习辅助费用、入学前的升学准备费用和政府的大学生经济资助,全面把握不同性质的费用及政府资助对高等教育收益率的影响。第四,在观察精英高等教育收益率的五世代延续与变化的基础上,评估高等教育公平。

　　第五章题为"磨难与超越"。本章从农村资优生个体的角度,解析城乡精英高等教育公平的现实障碍和超越路径。首先,择取在农村资优生中比较流行的两种互相对立的代表性观点,分析其实质并适当评估。其次,分析农村资优生应该如何准确地自我定位。

　　第六章题为"几点延伸思考"。本章在上述各章分析的基础上,呼应第一章,围绕高等教育公平,尤其是精英高等教育对社会公平的促进作用,试图进一步深入、全面和综合地反思客观现实中高等教育公平的过去、现在与未来趋势以及相关的理论观点。本章反思的主要内容包括:现代社会的结构体系、阶层划分与社会公平,高等教育公平与精英高等教育公平关系的时代变迁,社会公平和高等教育公平的世界普遍性与中国特殊性。

# 目 录

第五章

磨难与超越 /101

第六章

几点延伸思考 /117

◆ 第一章

# 社会公平中的高等教育公平

在现代社会里,不分国界,恐怕再没有比社会公平更能够牵动每位个体的内心情感的社会议题了。高等教育公平既是社会公平的一种新形式,也是促进社会公平不断提升的重要的政策手段。所以,分析高等教育公平必须从全面和准确地理解社会公平开始。从这个基本思路出发,本章以下集中分析三个议题:普遍意义上的社会公平(第一节)、社会公平相关的理论框架下的高等教育公平(第二节)、我国高等教育公平的特殊性(第三节)。

# 第一节　社　会　公　平

提起社会公平这四个字,稍有学识的人可能会立即联想到三个问题:社会公平的概念内涵是什么? 千百年来,人类智者如何认识社会公平? 当前各主要国家促进公平的普遍的政策手段是什么? 然而,系统地梳理这些问题也并非易事。本研究尝试如下。

## 一、公平及近义词

明晰概念的内涵是所有相对缜密的理论分析的起点。辨析近义词异同是概念明晰的第一步。在理论探索中,与公平内涵比较接近而经常被交替使用的概念主要有平等、正义和公正(或者公平正义)三个。[①] 不同学者可能会根据个人的主观偏好或某种客观原因而选择其中的某一个,作为理论分析的核心概念而加以使用。所以,在具体分析之前,有必要辨析四个词的异同。传统上,对一组近似的学术概念群的辨析有两种基本方式:语义学辨析和哲学(或逻辑学)辨析。具体到上

---

① 俞可平.重新思考平等、公平和正义[J].学术月刊,2017(4): 5-14.

述的这组概念上,采用语义学辨析方式的经典论述有冯建军的研究,[①]采用哲学辨析方式的出色分析有俞可平的研究。[②] 当然,概念的两种辨析路径也存在必然的交叉之处。语义学辨析如仅停留在语义上,而不进一步适当延伸到哲学高度,则可能会失之于浅;哲学辨析如果直接从思辨开始,而不建立在语义学分析的基础上,则可能流之于浮。但是,古往今来,对于公平的语义学辨析和哲学辨析已经十分完备,笔者无意于此画蛇添足。本书以下拟从四个词常用的基本语境和大致相对应的社会现象的实体出发,略作辨析。

对上述这四个词,本研究从客观/主观和现实/政策两个对立维度暂作如下区分。

平等是对社会资源分配的客观现实的基本状态的一种衡量。在概念上,资源绝对平均是平等的理想状态。因此,孔子才说"不患寡而患不均"。但是,自有文字记载以来,在所有人类社会中,社会资源在不同个体或社会群体中总是不平等地分配[③]的客观状态。所以,社会平等的衡量实际上就是对社会不平等状态的衡量。

对于客观上存在的社会不平等状态,不同个体或群体的主观的价值判断肯定会有所不同。有些人会说这个不平等状态不合理;有些人则会认为这个不平等状态合理,至少在现行条件下可以接受。这些对客观的不平等状态的主观上的价值

---

① 冯建军.教育公正——政治哲学的视角[M].福州:福建教育出版社,2008:16-25.

② 俞可平.重新思考平等、公平和正义[J].学术月刊,2017(4):5-14.

③ 在经济学或社会学的理论语境中,汉语的"分配"与英语的"distribution"几乎为完的对译词。但在基本的词源学的词义上,二者并不对等。汉语的"分配"有三个含义:按一定的标准或规定分东西;安排,分派;经济学上指把生产资料分给生产单位或把消费资料分给消费者(中国社会科学院语言研究所.现代汉语词典(第四版)[M].北京:商务印书馆,2002:400)。英语的"distribution"也有三个基本含义:the act of sharing things among a large group of people in a planned way,分发,分配;when goods are supplied to shops and companies for them to sell,发货,配送;the way in which something exists in different amounts in different parts of an area or group,分布(英国培生教育出版亚洲有限公司.朗文当代高级英语词典(英英·英汉双解,第四版)[M].管燕红,等,译.北京:外语教学与研究出版社,2009:634)。很显然,如果从当前的客观现实的角度出发,沿着经济学的理论思维,本研究使用"社会资源分布"来表达也许更合适一些。当然,在社会学的理论思维里,"分配"与"分布"并无本质区别。研究宏观社会分布的社会学者一般均有意无意地认为,该社会分布的背后存在着某种客观的"力"。社会分布受到该"力"的支配,即为其所分配。但是,为了兼顾学术传统和长期的使用习惯,这里仍然使用"社会资源分配"。

判断就是正义。作为关于平等的价值判断，正义具有异常的多样性。但这个多样性不完全是个体的主观差异性所致。不平等状态衡量的方法和手段的现实不一致与客观衡量困难都是主观多样性形成的重要原因。

既然现实中存在资源分配的不平等，社会整体总得为改善这些不平等状态而去做些什么。尽管不是所有理论家都这样认为，但是现代社会的大部分国家的政府都秉持这样的理念。公平是对政府措施改善不公平状态的效果的衡量，当然政府的改变不平等的政策理念不完全仅仅出自执政者的个人观念。对客观不平等状态的衡量结果（平等）和社会大众对客观不平等的价值判断（正义）都是政府出台公平政策的重要影响因素。

社会大众对公平政策的性质与效果也有相应的价值判断，这个价值判断即是公正。所以，一个公平政策的社会公正的程度不仅仅取决于该政策的内在性质和外在实际效果，还与社会大众的固有价值观念和对该政策效果的心理预期有着密切关系。由于社会大众很难明了政策的性质与效果，他们往往从政策的制定和实施的程序的角度来判断政策是否公正。因此，政策制定和实施程序的公开性就是让公众感受其为公正的重要侧面。

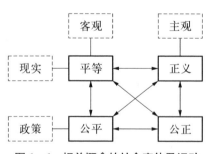

图 1-1　相关概念的社会实体及运动

长期来看，作为"公平"这组概念的社会实体，如图 1-1 所示，平等、公平、公正和正义四者之间不仅互相影响，而且，本质上也可能没有任何的区别。有所不同的仅仅是观察者的观察角度而已。同时，上述对这些词汇的辨析其实也说明了本研究的基本目的和分析重点。有鉴于此，本专著会在不同语境中使用不同词汇，尤其是平等和公平，但其内涵近似。①

---

① 尽管本研究尽可能不在概念的词义辨析上浪费过多笔墨，但是也不得不在此提前声明一下，很显然，在汉语中，"公正"与"正义"的词义稍微有所不同，但二者在英语中也许相同，均为"justice"。笔者涉猎所及，英语的"justice"似乎在有些地方被译为"公正"，而在另外一些地方则被译为"正义"。

## 二、公平的不同理论认识

研究者对社会公平的理论认识主要集中在以下三点：社会不平等的原因、社会不平等的程度和社会不平等如何改善。如果尽可能地往上溯源，人类社会对公平的理论解读其实源远流长。我国学者何怀宏曾经系统地梳理了西方思想史上的 20 位哲人对公平的理论认识。[①] 但是，近现代以来，较为系统的主要理论认识显然可以归纳为功利主义、自由主义和自由至上主义。[②] 当然，也有一些研究者总结归纳的有关公平的思想流派的类型更多一些。[③] 本书采纳三种之说。[④] 三种"主义"的理论尽管本质多有不同，但实际上也在某些侧面上存在着不同程度的交叉。而且，就某一位思想家来说，其核心思想并不能简单地完全归为三者之一。最有可能的是以其中的某一"主义"为主，而对其他"主义"兼收并蓄。现代学术分门别类地制度化以来，三种主义在现代的哲学（政治哲学）、社会学和经济学的不同学科的理论体系里均有所体现。哲学的理解侧重于思辨，故重在对一般意义上的人类社会不平等现象背后的本质原因解读；社会学和经济学侧重于实证，故重在对社会资源（尤其是物质资源）不平等程度的衡量和有效改善手段的摸索；社会学和经济学对公平的理论探索的区别在于：前者意欲囊括所有社会资源不平等和公平再分配机制的解读，后者则以经济资源（尤其是经济收入）的不平等与公平再分配为核心。三个学科的理论的主要区

---

① 何怀宏.平等[M].北京：生活・读书・新知三联书店,2017.
② [美]曼昆.经济学原理・微观经济学分册(第5版)[M].梁小民,梁砾,译.北京：北京大学出版社,2009：446-448.
③ 冯建军.教育公正——政治哲学的视角[M].福州：福建教育出版社,2008：54-121.
④ 与其他研究者略有不同,桑德尔(Michael J. Sandel)把自由主义和自由至上主义归为内涵稍有不同的一类,统一视为自由主义。他根据不同理论所重视的分配方式的不同把公平理论分为三种取向：福利主义、自由主义和德性主义([美]桑德尔・迈克尔.公正该如何做是好[M].朱慧玲,译.北京：中信出版社,2011：20-21)。桑德尔的德性主义重视对共同体的共同善的追求,与上述冯建军的理论归纳中的社群主义相当。实际上,冯建军也把桑代尔视作社群主义的代表人物之一。但是,这里需要注意的一点是,桑德尔认为他所指的共同体是想象的共同体而非实际的共同体。当把想象的共同体坐实后,社群主义容易陷入某种政治危险。

别仅在于所指对象的范围不同。所以,为方便起见,以下仅以经济收入为例,说明三种主义对公平的核心认识。

古典哲学家最喜欢追问人类社会不平等的初始原因。比如,让·雅克·卢梭(Jean Jacques Rousseau)在名著《论人类不平等的起源》中就是如此。① 与其他的哲学社会科学领域近似,卢梭的公平观对现代公平理论影响很大。但是,人类社会在历经数千年沧海桑田的变迁之后,对不平等的初始原因的科学探索几近不可能。所以,现代学者习惯于假定某时点为初始,人类社会在此平等或为既定状态。② 在此基础上,采取何种校正措施才能改善不平等的状况。当然,对有效措施的追问必须建立在对社会不平等现状、公平必要性和措施有效性的合理衡量和价值判断之上。对于如何更合理地衡量不平等现状,本研究的第二章再具体分析。这里分析另外两个侧面。

首先,从自由主义的基本观点的介绍开始。自由主义理论者以美国哲学家约翰·罗尔斯(John Rawls)为代表,罗尔斯认为社会公平是绝对必要的,这集中体现在他的"无知面纱"的思想实验里。他设想了一个社会,在这个社会里,所有人在出生之前都要聚在一起开会,以设计统治社会的规则。这时候,所有人对自己将来所处的社会位置都一无所知,就如处在"无知面纱"背后的原始状态。也就是说,在设计者的思想里,他将来成为不同社会地位者的概率几乎相等。这样一来,设计者就必然考虑社会规则如何影响到每一个人,尤其是处于最不利社会地位的人。因此,这样设计出来的政策最终必然把社会境况最差的人群的福利置于首位,这就是最大最小原则。对罗尔斯的公平理论的哲学理由和政策设计的理论批判的经典观点很多,③这里不再一一赘述。不过,在这里,我们可以具体设想有一个包含五个上下阶层等级不同的社会。按照罗尔斯的公平原理和政策选择,必须首先考虑最低的第五阶层,至少使之与第四层的境

---

① [法]卢梭.论人类不平等的起源[M].高修娟,译.上海:上海三联书店,2009.
② Michael Young. The Rise of the Meritocracy 1870 - 2033: An Essay on Education and Equality[M]. Harmondsworth, Middlesex: Penguin, 1979: 11 - 18.
③ [美]桑德尔·迈克尔.公正该如何做是好[M].朱慧玲,译.北京:中信出版社,2011: 163 - 194.

况近似。在公平政策促进下,该社会就变成了具有四层阶层的社会。然而,按照罗尔斯原理,四层阶层的社会仍非理想社会。如此继续施加同样政策影响,最终社会发展就趋向于只有一个阶层的社会。所以,从最大最小的实际效果来看,此类政策设计的基本原理略显荒诞不经。然而,荒诞不经的另一面则是理想的光辉的动人之处,没有人会鄙视最大最小原则的理念,理念和现实的不可调和的矛盾正是问题的难点所在。

其次,简单介绍自由至上主义的基本观点。自由至上主义尽管与自由主义的出发点大致相同,都是从高度尊重个体出发,但是所得出的有关公平的观点却截然相反。自由至上主义者以哲学家罗伯特·诺齐克(Robert Nozick)为代表,①诺齐克认为指责社会收入不平等的现状和通过政府之手来缩小社会不平等的程度是完全不必要的。但是,需要仔细分析不平等结果的产生过程,如果分配过程平等,则无论分配的结果如何不平等都是公正的。从自由至上主义的理论观点出发,必然得出最小政府最好的最终结论。对诺齐克的公平理论的理由和政策设计的理论批判的经典观点同样很多,②这里也不再一一赘述。乍看起来,自由至上主义与无政府主义好像近似,实际上二者仍有本质区别。最主要的不同之处是,自由至上主义者仍然承认政府的功能和政府存在的必要性。不过,自由至上主义者认为,从公平的角度来看,政府应该发挥的功能仅在于建立合乎公平之理的游戏规则,而非主观地去改变游戏结果。自由至上主义与自由主义对社会平等的现状和公平政策的判断之所以迥异,是因为尽管二者的哲学基础基本相同,均建立在尊重个体的基础之上,但二者所强调的个体的核心侧面本质上不同。自由至上主义者强调的是个体的选择的自由,而自由主义者认为个体自由预先受到外部环境的制约,强调的是消除外部环境对自由的不公平限制,即个体的基本权利。

---

① 据说,诺齐克的代表作《无政府、国家和乌托邦》是对罗尔斯的政治学名著《正义论》的理论回应。但实际上,可能并不完全如此。二者理论的起点和逻辑展开完全不同。至于出版顺序,视作偶然未尝不可。

② [美]桑德尔·迈克尔.公正该如何做是好[M].朱慧玲,译.北京:中信出版社,2011:65-84.

最后,简单介绍功利主义的基本观点。① 一般教科书都会把哲学家杰里·米边沁和约翰·斯图亚特·穆勒二人共同奉为功利主义哲学思想的鼻祖。② 但是,后者在很大程度上可能只是仅借用了前者的若干名词和理论形式,其思想的核心精神未必与前者保持了较高的一致性。功利主义思想是新古典经济学的理论基石。具有功利主义的经济学者从边际效益递减的原理出发,论述了收入再分配的必要性。例如,某社会有劳动者甲和劳动者乙,甲为富人,乙为穷人。由于增加单位收入带给乙的福利远远高于带给甲的福利,所以,当政府从甲的收入中取出一部分再分配给乙时,再分配政策带来的社会总福利就有了盈余。对于甲来说,收入再分配的基本形式是收入税。但是,收入税超过某个限度,就有可能会影响甲的劳动积极性,引起甲的单位生产力的明显下降。对于乙来说,收入再分配的基本形式是不同形式的政府补贴。但是,政府补贴如果不当,也有可能会削弱乙的劳动积极性,引起乙的单位生产力的明显下降。二者结合最终导致社会总福利剧减。而且,分配机制运行本身需要巨量成本。再者,理念指向于公平的政府分配的实际效果也非可预期。所以,有效的收入再分配必须考虑多种因素。这里需要注意的一点是,尽管功利主义对公平政策的必要性和具体措施选择的论述依据社会总效用这一基本概念,但是这里的社会总效用是对个体效用的加总。功利主义的社会总效用并非铁板一块,可以分解还原为所有具体个体的效用。总之,功利主义的出发点仍然是个体主义,而非集体主义或社会主义。然而,功利主义所谓的效用(幸福)并非客观之物,而是主观感知。这无疑增加了合理衡量效用和相应政策的制定与实施的实际难度。

---

① 功利主义是英语"utilitarianism"的中文翻译。在辞典中,"utilitarianism"的另一个中文翻译是实用主义(英国培生教育出版亚洲有限公司.朗文当代高级英语词典(英英·英汉双解,第四版)[M].管燕红,等,译.北京:外语教学与研究出版社,2009:2548)。在中文中,尤其是在日常的中文语境中,功利主义和实用主义均具有某种贬义色彩。不过,相比较于功利主义,实用主义的贬义色彩较淡薄一些。但是,哲学的实用主义另有专有名词"pragmatism"。因此,作为哲学名词,"utilitarianism"的最准确的汉语翻译也许是实效主义。

② [美]曼昆.经济学原理·微观经济学分册(第5版)[M].梁小民,梁砾,译.北京:北京大学出版社,2009:446.

　　总之,自由主义、自由至上主义和功利主义的哲学基础、公平必要性认识和政策措施选择的理论认识完全不同。但是,尽管如此,在社会最贫困人群需要政策倾斜这一点上,三者却是惊人地高度一致。政策实践也与此理论的高度一致性互相呼应。目前,在世界上主要发达国家里,反贫困政策的核心无不集中于对最不利阶层的救助,即以收入"最小"阶层为政策的"最大"扶助的对象。为此,以下概述以促进公平为主旨的主要的反贫困方法。

## 三、促进公平的主要政策手段

　　在世界上的主要发达国家里,反贫困政策有实物扶助、货币扶助、工作扶助和教育扶助四种基本形式。[①] 尽管现在这四种方法大都在同时使用,但是不同形式在不同国家的扶贫体系中所占的比例明显有所不同。而且,历史地来看,扶贫政策的发展也大致沿着实物扶助、货币扶助、工作扶助和教育扶助的先后次序而出现。故以下依次简述。

　　实物扶助是指政府直接向经济困难者提供提高生活水平所需的物品与劳务。实物扶助的最典型的现代例子是政府发放食品券,经济困难者可以使用食品券在政府指定的商店里购买实物。对实物扶助,理论者赞否两论。支持者认为,与货币资助相比,实物扶助能够确保经济困难者得到他们最需要的东西,而不至于使政府资助被乱用。反对者则认为,与货币资助相比,实物扶助是无效率的,因为政府并不知道经济困难者最需要什么物品和劳务。二者之所以有理论分歧,可能是

---

① 在上述四种基本措施之外,大部分国家还有最低工资法制度来帮助经济困难人群。但是,最低工资法不是政府的直接资助。另外,经济学家还设计了一种负所得税制度来资助贫困人群。在这种制度下,所有家庭都向政府报告家庭收入。高收入家庭根据收入纳税,低收入家庭根据收入将得到政府补助。在负所得税制度下,贫困家庭不用特意去申请,就能自动得到政府补助。与其他补助措施一样,负所得税制度既有明显的优点也有明显的缺点(具体参见,[美]曼昆.经济学原理·微观经济学分册(第5版)[M].梁小民,梁砾,译.北京:北京大学出版社,2009:449-455)。尽管目前世界上尚未有明确声明实行负所得税的发达国家,但与负所得税的性质相似的低收入家庭所得税返还却非常普遍。我国目前有些大学实行一种自动补助制度。该制度的具体内容如下:通过实时监测大学生校园卡在校内食堂的消费状况,而对消费过少者进行补贴,该补贴自动打入学生校园卡,这种制度也与负所得税的思维类似。

因为对政府资助的现实前提的基本认识不同,即如何定义经济"最"困难者。一般而言,政府的经济贫困线的标准相对比较苛刻。在绝大多数国家里,不能保证基本温饱才是官方认可的经济困难。在这种情况下,经济困难者所需要的自然是基本种类的食物。实物扶助在我国源远流长,在传统社会里,每逢天灾,政府就有开仓放粮之举。① 20世纪末,在美国兴起了很长时期的教育券制度,也可以视作实物扶助在基础教育领域的拓展与应用。② 在我国基础教育阶段,中西部地区实施的早餐和午餐补贴也是典型的实物扶助。在我国高等教育里,学校提供的相对低于市场价格的食宿也属于广义的实物扶助。

货币扶助是指政府通过建立稳定的福利制度,通过制度来补贴经济困难者,以增加其经济收入。在这个政策领域里,不同国家的福利制度有所不同。比如,美国有贫困家庭临时援助(TANF)制度和补充保障收入(SSI)制度等社会保障体系,旨在帮助有高度经济困难的家庭。但是,需要研究者特别注意的是,仅仅家庭经济困难并非是获得这类政府福利的充分必要条件。前者一般还需要是一个妈妈带孩子的单亲家庭,后者一般需要申请者有病、残疾或有孩子。③ 对于这种社会福利制度的优缺点,理论研究者之间争论激烈。④ 但在美国,福利制度发展的基本趋势是,补助规模逐渐减少,并严格限制能够领取经济补贴的时间。⑤ 我国的最低生活保障制度也是这一类型的扶贫资助。在基础教育中的高中阶段,我国已经设立了较大规模的政府助学金制度。⑥ 在高等

① 赵晓华.清代直隶赈灾体系及其实践[J].人民论坛,2020(1):12-15.
② 方建锋.国内外政府购买教育服务的实践形式和约束机制[J].教育发展研究,2018(3):44-50.
③ 这说明,由于存在外部结构因素的负面影响,个体无法依靠自力实现脱贫才是政府运用福利制度资助该个体的基本条件。即,单纯的贫穷并不是个体能够获得政府资助的充要条件。所有现代国家均如此。
④ 严敏,朱春奎.美国社会福利制度的历史发展与运营管理[J].南京社会科学,2014(4):88-94.
⑤ [美]曼昆.经济学原理·微观经济学分册(第5版)[M].梁小民,梁砾,译.北京:北京大学出版社,2009:449-454.
⑥ 范晓婷,曲绍卫,纪效珲,等.我国普通高中学生资助政策执行效果评估——基于2014年全国38个省级单位的实证分析[J].教育科学,2015(8):69-74.

教育阶段中,我国经过 20 多年努力,也设立了各种形式的中央政府和省级政府出资的奖学金、助学金和经济困难补助,[1]这些政府资助均具有货币扶助的性质。

工作扶助是指政府通过工作激励导向的扶贫计划而提高经济困难者获得工作的机会。目前,对实物扶助和货币扶助的诸多批评的最关键之处是,因为这两类政府扶助不问导致贫穷的真正原因,其结果就是政府扶助有可能在客观上导致产生奖懒罚勤的效果。政府扶助的核心对象应该是自己愿意工作而缺乏工作机会的经济困难人群。工作扶助有两种基本形式:第一,间接工作扶助。即,所有其他形式的政府直接经济扶助都需要接受者提出积极寻找工作经历的证明要求,而且,这些扶助仅持续一段时间;第二,直接工作扶助。即,政府直接提供工作机会。从目前情况来看,让经济困难者接受政府提供的工作机会似乎是弊端最少的扶贫形式。但政府提供工作机会也有潜在的政策风险,那就是,经济困难人群可能缺少相应的工作能力,无法有效地完成相应的工作。

教育扶助是指政府通过对经济困难人群实施系统的就业和再就业培训,以提高其工作能力。目前看来,教育扶助的整体效果良好。但是,传统的教育扶贫一般是针对经济贫困家庭——主要是失业者——的成人人群。既然教育扶贫比较有效力,那么,为何不未雨绸缪,通过让家庭经济困难的儿童接受系统的学校教育,让其获得较高的就业能力,从根本上斩断经济贫困的代际传承?而且,由于学校教育存在着明显的社会溢出效应,指向教育扶贫的财政支出更容易获得社会大多数的赞同和政治上的通过。所以,美国尽管直接经济资助越来越小,但是教育扶贫资助的财政规模却越来越大。教育扶助的实质是国家人力资源开发。

在国家扶贫政策的话语体系里,扩大高等教育规模是实现社会公平的最重要而理想的政策手段。本研究也意在主要从这个角度来分析高等教育公平。不过,

---

[1]　杨穗,鲍传健.改革开放 40 年我国社会救助减贫:实践、绩效与前瞻改革[J].2018(12):112-121.

这时候政府资助的对象明显扩大为范围较广的中低收入人群,而非仅限于政府贫困线下的经济特别困难人群。当然,贫穷与非贫穷具有高度的相对性。如上所述,当第五阶层消失之后,第四节阶层就被视为贫穷。实际上可以依次类推,这也是罗尔斯公平理论具有永久的直感吸引力的原因之一。① 这样,社会公平的核心实际就变成了集中针对最上层与其他各阶层间的资源分配的问题。

## 第二节　高等教育公平

高等教育公平分析主要有两个切入点。第一个是把高等教育视为社会资源的一种类型,因此把高等教育公平视为社会公平的一种具体类型;第二个是把高等教育公平视为实现其他类型的社会公平的一种工具或手段。本研究主要从第二个切入点出发。这一节分析三个具体问题:现代高等教育公平的工具性、对其社会功能的期待与反思以及时代特征。

### 一、现代高等教育公平的工具性

如果高等教育公平没有被认为是促进社会公平的重要手段,可能就不会得到如此高度的社会关注。当然,历史从来不容任何诸如此类的假设。但是,众所周知,在高等教育发展史上,大学是最初的基本形式。而在古代大学里,作为学习者,来自社会较低阶层的人群几乎完全不可能有机会出现。那时候,人们进入大学学习,更多的是为了将来能够子承父业。从这个意义上来说,古典高等教育客观上只能起到维护社会等级或分业制度的功能。

在现代国家出现并发展起来之后,原来数量寥寥的大学逐渐扩张,成为规模庞大且层类多样的体系,并成为国家机器的有机组成部分。最近若干年,高等教

---

① 在学术界,长期以来,从现实可能性的角度,对罗尔斯公平理论表示怀疑的理论家也相当多。

育一词还有被高中后教育取代之势。① 作为国家机器,高等教育消耗了大量公共财政,必然被要求发挥这样那样的政策功能。② 这些均与当初作为独立形态的大学所具有的客观功能有所不同。其中,最重要的功能之一就是帮助社会底层人群实现社会上升流动,促进社会公平。而且,在后发追赶型的国家里,比如日本,这个社会功能所受强调的程度更高一些。这是因为,在这类国家里,高等教育制度本来就是作为整个现代国家制度体系的一部分,与其他的社会经济制度一起,几乎同时引进、确立和发展起来的。二战以后,随着人力资本理论出现及其对宏观政策制定影响的不断深入,人们越来越坚定了对通过高等教育发展促进社会公平的政策及其效果的信仰。

当然,需要公平分配的重要的社会资源并非只有经济收入和财富一种形式。除去经济资源之外,还有很多其他的形式。比如,马克思·韦伯认为,除经济资源外,社会资源还有权力和荣誉两种基本形式。③ 桑德尔则认为,经济、权力和荣誉外,还有权利与义务以及公共职务等。④ 很显然,接受高等教育这一个体行为也与经济资源之外的其他社会资源的分配有密切关系。比如,大学毕业生的社会声誉显然高于非大学毕业生,即使二者均处于失业状态。⑤ 所以,接受高等教育本身客观上就意味着一种稀缺的社会资源的再分配。如果全面考虑高等教育与社会资源之间的关系,则相应的分析将变得特别复杂。而且,过度强调高等教育公平的

---

① 本研究未详细区分高等教育体系中的大学、高等教育和高中后教育三种类型的性质差异,而视之为同义词。本研究未使用高中后教育一词,大学和高等教育两个词根据不同的文脉语境而交叉使用。

② 在现代社会里,大学与国家之间的关系比较复杂。历史地看,大学被内包于现代国家制度体系之中,既有被动的成分,也有主动的因素。现实地看,大学成为国家机器带给大学的机构自治和学术自由的也不全是消极的影响。这里的大学仅指传统意义上的研究型高校,即本研究中的精英高等教育、一流高校或一流大学,在我国的当下,具体而言则为"双一流"建设高校。

③ [美]哈罗德·R.科博.社会分层与不平等: 历史、比较、全球视角下的阶级冲突[M].蒋超,等,译.上海: 上海人民出版社,2012: 111 - 113.

④ [美]桑德尔·迈克尔.公正该如何做是好[M].朱慧玲,译.北京: 中信出版社,2011: 20.

⑤ 在极度鄙视知识的非常时期,大学毕业生或高级知识分子的社会声誉显然不如非大学毕业生。一些名人的传记或回忆录可佐证这一点。历史上,类似的例子并不鲜见,比如当科举废除后,大批"孔乙己"便应运而生。

独立的社会意义,也不符合当前大部分人的实际情况。所以,本研究在尽可能考虑其多样化功能的前提下,主要分析其促进社会公平的工具性功能。

## 二、高等教育功能的期待与反思

如果从促进社会公平的工具的角度分析,研究者主要关注高等教育公平中的三个焦点问题:社会阶层与高等教育机会获得不公平、社会阶层与高等教育过程不公平以及社会阶层与高等教育文凭的效用差异。但是,三个焦点问题得到研究者的重点关注的先后时期不同。历史地看,研究者首先关注社会阶层与高等教育机会获得公平之间的关系,其次关注社会阶层与高等教育文凭的就业效用之间的关系,最后才关注社会阶层和高等教育过程公平的关系。这大致对应高等教育的三个历史发展阶段:精英、大众和普及。在精英高等教育阶段,由于规模较小,高校毕业生在劳动力市场上处于供不应求的状态。在这种状态下,就业质量和教育过程质量即使存在明显问题,也不会受到社会的高度关注。在大众化高等教育阶段,随着高校毕业生尤其是社会弱势群体出身的毕业生规模迅速扩大,在入学机会不公平尚未完全解决之时,就业不公平的问题也出现了。而且,解决入学机会不公平就必须扩大入学机会,而扩大入学机会就有可能进一步加深就业困难和就业不公平的程度,二者矛盾无法完全调和。当高等教育进入普及化阶段后,整体的入学机会的不公平从形式上而言得到了明显的缓解。只要个体具有入学意愿,均能够找到相应的学位。但是水涨船高,精英高等教育机会的不公平就自然成为社会关注的重点。不过,随着入学规模扩大,就业不公平问题不仅没有解决,其程度反而有所加重。与此同时,整体上"大学全入"时代的到来和持续的就业困难让人们开始关注高等教育过程质量的不公平,并企图从此寻找破局之法。当然,由于不同国家所处的高等教育发展阶段不同,其研究者所关注的高等教育公平的重点问题自然差别很大。

对于高等教育公平促进社会公平的认识上,研究者的观点差异明显。主要理论认识可以归为结构功能主义和冲突主义两类。有关于此的学术综述很多,随便任何一本教科书或经典著作都可以找到其基本观点。[①] 为此,本书对此不再赘述。简言之,典型的结构功能主义者认为,高等教育机会的阶层差异在逐渐降低;超越出身阶层的局限,高等教育文凭在就业成功中发挥了巨大作用;在高等教育过程中,教育效果和学习成果上不存在明显的阶层差异。但是,典型的冲突理论则反之。当然,二者之间还有很多程度不同的理论流派。

若从现实出发,很显然,任何一种极端的理论体系都与现实的高等教育公平的状态不完全相符。某国某个发展阶段的现实一定处于二者理论中间的某一个点上。那么,究竟现实更靠近哪一个理论的侧面呢? 比较而言,在大多数已经进入高等教育普及化阶段的发达国家里,现实可能更靠近结构功能主义理论一些。这个对高等教育公平的现实的衡量可称之为修正结构功能主义理论,它与传统的结构功能主义理论有诸多明显的区别。第一,它与传统理论对社会上升流动的衡量尺度不尽相同。传统理论一般使用不同社会阶层的上升比例之比来衡量社会上升流动即公平程度;修正理论重点关注最低社会阶层的自我变化的比例。一般而言,在可视的相当长的时段内,社会下层接受高等教育的比例均会明显小于上层接受高等教育的比例,越是优质高等教育越是如此。但是,若从社会下层接受高等教育的绝对数量来看,还是会呈现明显的扩大趋势。第二,它与传统理论观察社会上升流动的时段不同。修正理论强调在较长期间内观察不同阶层社会上升流动趋势。如果观察的时间段能够无限地趋长,至少在50年左右,甚至超过100年,就应能够看到高等教育逐渐公平的明显趋势。但是,社会大众、决策者和研究者均不可能如此有耐心去长期地等待。

## 三、高等教育普及化与公平政策焦点位移

当前,世界上主要发达国家已经进入了高等教育普及化阶段。比如,美英法

---

① [美]哈罗德·R.科博.社会分层与不平等:历史、比较、全球视角下的阶级冲突[M].蒋超,等,译.上海:上海人民出版社,2012:124-160.

日等国的高等教育毛就学率均超过 60％以上。[①] 进入普及化阶段对高等教育公平的政策选择的影响巨大。首先,从整体上来看,讨论高等教育机会的全体公平已经失去了大部分的政治意义。实际上,社会上的所有成人只要有意愿,都可以获得某种形式的高等教育机会。高等教育机会均等使得不同类型高等教育文凭的社会效用的阶层差异越来越显眼,这也反过来迫及高等教育过程的阶层差异的负面影响。同时,这客观上也形成了对高等教育的内部质量保障的外部压力机制,促使高校主动形成质量保障的内部机制。第二,精英高等教育机会的公平变得越来越为人们所重视,成为高等教育公平政策的焦点。相应地,平民资优生的精英高等教育入学机会和文凭获得以及有效的促进措施成为理论研究者关注的中心。[②] 第三,掐头去尾,高等教育体系中出现了大量的水平处于中间层次的本科院校。这些院校服务于占整个国家居民半数的中产阶层的子弟。不同高校类型要求不同的公平政策,很难统而言之。

当然,高等教育普及化并不是单一方面的历史进程,而是与经济和社会的整体发展相适应,二者之间相互影响的复杂过程。社会经济发展不仅促使社会阶层的结构与性质明显变化,也引致高等教育升学的社会意义的巨大变化。最大的变化在于,高等教育升学对社会中下层的经济吸引力大为降低。既然整体生活水平明显提高了,为什么还要辛苦学习,通过升入高校而去获得社会地位和生活水平提高? 与此同时,社会较低阶层对文化完全异质性的精英高等教育的兴趣大幅减弱。因此,在高等教育普及化后,西方国家普遍进入高等教育发展高原期。

但是,就此断言社会中下阶层缺乏教育远见则略显偏颇。当高等教育改变个体生命境遇的政治杠杆作用消失之后,高等教育公平似乎与个体的基本权利和利益均无任何关联。所以,把高等教育公平的内在性质与社会阶层尤其是底层的命运联系

---

① 高文豪,崔盛.普及化阶段高等教育层次结构调整的国际借鉴[J].大学教育科学,2021(1): 111-119.

② Andrewsa R, Imbermanb S A, Lovenheim M. Recruiting and Supporting Low-income, High-achieving Students at Flagship Universities[J]. Economics of Education Review, 2020,74 (1): 1-19.

起来有可能是理论想象的产物。<sup>①</sup> 然而,对于社会整体来说,很显然,当高等教育公平程度高一些的时候,社会的整体福利明显会好很多。因为它意味着更高的群体劳动力素质与更为一致的社会意识形态和个体价值观念。各个因素综合后的客观结果是,社会整体的运营效率更高。这样一来,高等教育公平的政策核心就应该从满足社会较低阶层的高级诉求变为满足社会共同体的基本需求。如果以市场商品买卖作比,当前的核心是提升高等教育购买意愿较低人群的意愿。

综上可知,在普及化阶段,实际上,高等教育公平政策面对着三个课题:综合采取各种手段,最大幅度地提高社会较低阶层的高等教育升学意愿;针对中产阶层的差异化的高等教育升学需求,强化绩能主义原理,设计有效的选拔机制,尽可能让不同学业成绩的学生与不同教育水平的高校相匹配;让中下阶层资优生获得名副其实的优质高等教育。三个课题的性质截然不同,本研究在全面和综合考虑三个课题的基础上,集中和重点分析第三个课题。

## 第三节　我国高等教育公平的特殊性

作为促进社会公平手段的高等教育公平,其特征在较大程度上受制于社会公平特征的影响。而且,在不同的国家里,二者之间的关系具有时空的差异性。我国自然也不例外。因此,本节首先分析我国的社会结构、阶层和高等教育的历史发展的特征,然后分析在此过程中的社会和高等教育互动的特征,最后概述我国高等教育公平的时空的特殊性。

### 一、结构、阶层和高等教育的历史特质

迄今为止,针对我国社会的发展历史和现状特征,出现了很多出色的研究成

---

① 王建华.教育公平或许是无用的:一种不合时宜的沉思[J].教育发展研究,2017(19):20-24.

果,这些成果包含不同的理论框架。其中,就有黄宇仁主张的"大历史观"。<sup>①</sup> 尽管笔者对"大历史观"在分析我国社会发展中的具体适用性尚存诸多不解之处,但觉得至少在分析本领域时,目前比其更适用者尚不多见。所以,本研究以下就以"大历史观"的基本认识为分析的出发点,<sup>②</sup>来观察我国社会的宏观结构、主要阶层和高等教育之间的关系的历史运动与现状特征。

黄宇仁把传统晚期的我国社会结构称为"潜水艇夹肉面包"。"潜水艇夹肉面包"的具体意思是,上面是一块长面包,大而无当,此乃文官集团;下面也是一块长面包,此乃成千上万的农民。此中三个基本的组织原则,即尊卑男女老幼,没有一个涉及经济及法制和人权,也没有一个可以改造利用。<sup>③</sup> 其中,对社会阶层的判断自然无甚不妥,我国传统的核心阶层确实有两个:基层农民和高层文官集团。但是,对阶层之间的有机联结却没有论及科举制度和各级官学。<sup>④</sup> 若无体系化的科举和官学,则上述两个阶层之间便无正式的制度联系。两个阶层若无联系,整个社会可能就不能成为比较完整的结构体系了。也正因为此,有研究者把科举被废的 1905 年视作我国传统制度的终结。<sup>⑤</sup> 同时,若从大历史的角度来观察,清末以来近百年的对外交流与融合带来的社会变动的影响虽不能简单地一笔抹杀,但未实质地改变传统社会的内在结构。而 1912—1949 年的多灾多难的民国可能视作从传统制度向现代制度的渐变或尝试性过渡更为合适一些。即使抛弃成王败

① 黄宇仁.万历十五年[M].北京:生活·读书·新知三联书店,2015:302-320.
② 概而言之,黄宇仁的"大历史观"大致包括以下几个主要层面:历史观察的国际性、历史观察的技术性、历史观察的地理环境性和历史观察的长期性。对这四点,杰出历史学家各有自己的论述。他们的基本观点与黄宇仁或略同或略异。当然,在这几个基本层面上,笔者作为外行,也有自己的相应的基本看法。比如,对于历史传统中的我国基层社会的实际状况、基本运行及其内在机制。如果说我国经济社会文化制度能够数千年而绵延不绝,实无他因,而全赖这最基层的旺盛活力和自灭自生的创造性。一句白诗"野火烧不尽"胜过万卷史册。对这"野草"的特质与其活力,即使是饱读四书五经的传统文化人自外向内也难以忖度几分。如果能够在学术分析时,抛却个人感情,远距离观察,相信那些有天分的同代学者不难理解当代史中的若干客观必然性并非仅是意识形态的武断或宣传工具之语。为便于分析,本研究的所谓历史角度主要借鉴了黄的"大历史观"中的长期观,但未深及其余。
③ 黄宇仁.万历十五年[M].北京:生活·读书·新知三联书店,2015:302-320.
④ 黄宇仁在同一文章中的后面部分,也简单论及了"科举是中间纽带"的基本观点。
⑤ 何怀宏.选举社会[M].北京:北京大学出版社,2011:353-362.

寇的思维定式,其不成功的要因在当下也并未得到适当形式和深度的历史反思。当然,在这些变动与变迁的阶段里,社会与纯粹的传统时期也有所不同。学校教育尤其是高等教育上的本质差异在于,首先用新式学堂——最初是明显的中西混合体,后来则是以国民教育体系,尽管形式上仍然模仿西方——代替了科举与官学。总之,在传统社会里,学校教育尤其是高等教育是整个社会结构成型的核心纽带和体系良好运行的优质润滑剂。它既源源不断地为文官集团补充大量的新鲜血液,也为基层农民(尤其是其中的中小地主阶层)提供了阶层向上的生之动力。

　　现代我国社会结构是对传统的些许继承与深度改良。自 20 世纪 50 年代,我国政府以举国之力对社会结构进行了全面和彻底的现代化改造。当然,无论显在改造多么彻底,文化意义上的潜在传统总会幽灵般徘徊于现实之中。而且,政策目的是否全面和如期地实现也尚需另外的详细而学术的讨论。在这场持续时间甚长的社会改造中,一个重要的客观变化就是,通过正式的户籍制度,把传统社会中的下面的长面包一分为二层:一层薄薄的,在上,为城市居民;一层厚厚的,在下,为农村居民。二者之间的政治、经济和社会待遇的实际差别很大。除此之外,社会结构的内在属性的继承痕迹——或者更应该叫做自然传承——则非常明显。但是,近 30 年来,这种制度化的城乡差别逐渐缩小,甚至有显在的消亡趋势。客观上的缩小是政治、经济和社会因素共同影响的复杂结果。如果仅从社会人口的变化和流动方向来看,近 30 年来,缩小城乡差距的主要影响因素有两个:一是大量进城务工农民工的出现,[①]二是大量农家子弟通过高考读大学而取得城市居民身份。[②]

　　与西方主要发达国家相比,这就形成了我国的现代社会结构的不同之处。第一,社会首先分层为农村居民和城市居民。而在城市居民中,又进一步可分为普

---

① 国家统计局.2020 年农民工监测调查报告[EB/OL].(2021-04-30)[2021-07-12].http://www.stats.gov.cn/tjsj/zxfb/202104/t20210430_1816933.html.

② 赵群,王婧妍,冒荣.跳"农门"的大学生与城镇化——1990—2019 年我国高等教育对城镇化直接影响系数初析[J].江苏高教,2021(3):27-32.

通市民和社会地位较高的市民,后者包括广义的公共部门的各级各类公务人员、事业单位工作人员、国有企业工作人员和三资企业工作人员等。尽管也存在经济收入、地区、性别和民族之间的客观差异,但这与西方完全按照这些阶层属性来认知社会阶层明显不同。第二,社会群体之间的区隔或者说鸿沟相对比较模糊。这来自于短距离的社会流动(包括上行、下行与平行)程度比较高的影响。① 第三,稳定而明显的社会上升流动主要取决于或者说基于个体接受正式的高等教育的结果。这就使得现代高等教育具有了不亚于传统科举制度的社会结构成层的塑形力量。它要求研究者不能完全套用西方的社会结构、阶层与高等教育之间关系的理论来解读我国的现实。②

## 二、发展过程中经济和高等教育的互动特质

世界上主要发达国家的工业化和现代化发展的历史进程其实差距很大,③自然,其社会结构的现状特征也千差万别。尽管后世理论家往往容易误认为它们的历史进程和现状特征之间的相似点很多。如果看清了这一点,就能够理解我国经济和高等教育现代化发展的独特性。而且,在这个过程中,经济发展与高等教育发展的互动关系也体现了明显的独特性。

自 20 世纪 50 年代起,尤其是 80 年代以来,我国社会经济发展进入了前所未有的快车道。与西方发达国家的发展历史相比较,我国的特点是政府与政策在其

---

① 这实际上从另一个角度反映了社会结构对个体行为的控制或者说影响的程度相对较弱。传统上,所谓"天高皇帝远"正是这种现实的形象写照。

② 我国传统的社会结构的形成动因是什么? 按照"大历史观",毫无疑问,根本原因是地理环境影响。但是,这片土地和天候的根本特征究竟给了生活于其上和其间的人们什么样的影响? 不同观察者的判断不尽相同。比如,日本学者和辻哲郎([日] 和辻哲郎.风土[M].陈力卫,译.北京:商务印书馆,2018:123 - 135)和美国学者费正清(费正清.中国:传统与变迁[M].长春:吉林出版集团有限公司,2008:3 - 15)的中国文化观就有所不同。很显然,前者拿中国与日本比较,后者拿中国与欧洲比较。参照对象不同导致二人对同一对象的主观判断的不同。因此,对地理环境与民族特征及社会结构特征之间关系的思考仍需再谨慎和全面一些。

③ 黄宇仁.万历十五年[M].北京:生活·读书·新知三联书店,2015:302 - 320.

中起到了决定性的指导作用。研究者认为,这段发展历史中的最鲜明的特点之一是形成了经济和教育双优先的发展模式。① 在教育——更准确地说,是学校教育——优先发展这一个侧面上,更准确地说,其本质是高等教育制度优先发展。由于接受高等教育成为社会上升流动的核心途径,它的发展速度和方式对社会和教育的影响自然会很快下沉,并高度制约着基础教育中各级各类学校教育发展的速度和方式。从这个角度来看,在我国过去相当长的时间里,高考成为基础教育发展的指挥棒有其历史进程和社会结构影响的客观必然性。而且,高考指挥棒在今后的较长时期内仍会发挥其客观作用。

平心而论,高等教育优先发展模式本质上是柄"双刃剑"。一方面,高等教育优先发展为经济社会发展提供了充足的优质高级人才,这确保现代公共部门和生产企业无论规模如何扩张都不会碰到人才困乏之忧。另一方面,高等教育优先发展自然会在一定程度上导致长期而大范围的大学毕业生结构性过剩的程度更甚,最明显的一点是毕业生过剩导致本专科教育大幅贬值。本专科文凭贬值对高等教育公平的两个侧面具有决定性的负面影响,第一,让一部分大学生永无止境地去追求更高层次和更为优质的高等教育,前者催生了浩浩荡荡的考研大军,造成了教育投资过度和一定程度的资源浪费,后者则孕育出了规模庞大的教育培训行业。这种发展趋势明显不利于各种资源拥有量相对较少的平民,尤其是农村居民。第二,让部分高等教育适龄人口在尚未抵达大学校门前就自动放弃了升学动机,其中,农家子弟居多。

## 三、当前高等教育公平的核心特质

如前所述,与西方相比,我国的历史传统、社会结构和发展路径的不同,这使我国高等教育公平呈现出明显不同的整体风貌。相应地,高等教育公平的核心议

---

① 袁振国.双优先:教育现代化的中国模式——为改革开放四十周年而作[J].华东师范大学学报(教育科学版),2018,36(4):1-18.

题也不尽相同。当前,我国的相关议题的核心逐渐聚变为,农村资优生和优质高等教育公平。

　　如前所述,在我国,由于只有优质高等教育才具有社会上升流动的强力通行证的价值,所以优质高等教育机会分配就成为高等教育公平政策的焦点。当然,高等教育的优质与否实际上具有时空的相对性。在精英高等教育阶段,即使是函授形式的高等教育,其文凭也具有相当不菲的社会价值。但在高等教育普及化的当今,普通本科院校均已经开始为生源发愁。不过,当前我国大众对整个体系中的优质高等教育仍然有着相对共同的认识标准。目前而言,大家最认可的优质高等教育其实就是一百多所"双一流"高校的本科教育而已。

　　客观上,农村学生和城市学生以高考制度为轴,形式上平等地竞争着优质高等教育机会的有限配额。长期以来,农村学生获得高等教育机会,尤其是优质高等教育机会的比例远远小于城市学生。[①] 这一点一直为理论研究者所诟病。但是,随着高等教育普及化发展,研究者的认识焦点逐渐发生了明显的变化,他们把研究的中心聚焦到农村资优生如何获得优质高等教育的机会上。[②] 这是因为,在我国传统文化语境中,既然是优质高等教育机会,那么自然就要求是优秀学生才有获得的权利,农村居民不是这个高等教育机会获得的充分必要条件。所以,为了增强相关政治诉求和理论上的说服力,研究者和决策者均会自觉或不自觉地集中于优质高等教育在城乡资优生中的分配上。这也是本研究所分析的高等教育公平的核心之一。

---

① 王伟宜,吴雪.高等教育入学机会获得的城乡差异分析——基于 1982—2010 年我国 16 所高校的实证调查[J].复旦教育论坛,2014(6):77-81.

② 刘云杉,王志明,杨晓芳.精英的选拔:身份、地域与资本的视角——跨入北京大学的农家子弟(1978—2005)[J].清华大学教育研究,2009(5):42-59;吴秋翔,崔盛.农村学生重点大学入学机会的区域差异——基于高校专项计划数据的实证分析[J].中国高教研究,2018(4):70-77.

◆ 第二章
## 视角和框架的采选

在中国,盲人摸象是尽人皆知的成语,其基本含义是批评有些人对事物只凭片面的了解或局部的经验就以偏概全,企图做出全面判断。[①] 这样做的结果必然是,无法全面了解事物的真相,导致结论偏颇。然而,盲人摸象的错误思维并非只有盲人才具有。与正常人相比,盲人无法全面和准确观察全象的基本特征仅仅是因为"目盲"而已。在这个世界上,需要观察之物无穷无尽,千奇百怪。很多时候,正常人的耳聪目明也完全不够用,所以,正常人得出片面的观察结果也就非常正常,不足为奇了。而且,有些被观察的事物因本身的复杂性质,本就不易观察。这个时候,得出片面的观察结果的概率就更大。所以,盲人的"目盲"与正常人的"目盲"仅在于程度不同而已,并非本质有别。[②] 但是,正常人的聪明之处和可贵之处就在于:第一,他们通过把无数次的观察得来的片面结果互相比较和参照,最后就有可能得到比较全面的结果,从"一叶落"而知"天下秋";第二,他们能够发明或发现校正"目盲"的科学工具。从这个意义上来说,现代科学发展就是一部观察工具的技术进化史。

人类社会对高等教育公平的观察与分析也是如此。因此,本章的基本目的是,通过对既有研究的方法和结果的综合比对,为本研究其后的分析提供系统而合理的观察方法论。主要内容分为以下两部分:观察视角的反思、选择以及理论框架的反思、选择。

## 第一节 观察视角的反思与采选

如何选择观察视角决定着研究的起点与方向。这里,需要从上一章的图 1-1

---

① 中国社会科学院语言研究所.现代汉语词典(第四版)[M].北京:商务印书馆,2002:919.
② 从这个角度来说,讥笑盲人似乎不合适,讥笑盲人与讥笑自身类同,有五十步笑百步之嫌。

开始。在图 1-1 中，把高等教育公平设定为社会实体，并设定了客观/主观和现实/政策的两对切入角度。从研究目的出发，本研究选择其中的客观、现实和政策作为观察角度，分述如下。

## 一、客观的视角

在本研究中，客观的观察视角包含以下三个侧面的内涵：强调社会现象的存在性与如实把握的可能性，坚持据实以证与理论建构并举，尽力做到宏观分析与见微知著的有机统一。

### （一）现象存在与如实把握

古希腊哲学家赫拉克利特说，"人不能两次踏进同一条河流"。尽管批评者众多，①但其强调万事万物变动不居，却高度符合人类的朴素感受。我国古圣人孔子也有"逝者如斯夫，不舍昼夜"的喟叹。传统上，反驳方一般使用特殊情形下的个案或形而上的理论来表达反对，却无法否定变化的普遍性和现实性。抛开形而上的哲学而进入科学的领域，现代科学可以通过尽可能无限切割时间的分析技术，来把握极限短的过程中河流的相对静止状态。据说，这也是辩证唯物主义的科学之源。因此，在现代的人文和社科领域里，如果研究者能够放长视线，从河流之源至河流之尾一览无余，或者采取长焦距使"源"与"尾"几近重叠，或者再加上较长时期观察，则研究者眼中的河流不会有太多变化。这则是"大历史观"的妙用。

文史哲中的后现代理论更进一步，对所有的客观和理性的主张高度怀疑。体现在社会现象认识上，就明显地集中在否定社会体系的结构性和个体生活的规律性上，这可能与 20 世纪后半期主要发达国家的经济繁华和社会虚浮的大环境密切相关。我国古人有"国家不幸诗家幸"之句，但却无人明说，国家有幸时诗家当如何，大约是因为迄今为止尚无此可幸的大环境吧。然而，西方后现代思想的百花齐放与国

①　常旭旻.赫拉克利特的"对立面之统一性"学说再析——一种非辩证法的考察[J].世界哲学，2017(2)：132-141,161.

际和平及国内昌盛结伴而来。这个偶然的事实隐约透露出客观规律的一面：国家有幸时，诗家也有幸。其一"幸"为世俗物质生活无忧之幸，另一"幸"为自己的脑袋可以天马行空地自由发挥之幸。然而，此乃学者之"幸"，与学术之"幸"却绝非同物。那么，学术之"幸"难道只能孕于苦难世界之中？有鉴于此，本研究继续保持最低限度的警惕，仍然相信客观现象的实在性、万物运行的规律性和二者的可知性。另外，社会公平大都以底层为研究对象，也极少能够留给虚幻以空间。

对本研究而言，后现代理论并非没有一丝一毫的思想上的启发。现在看来，本研究至少汲取了现实世界存在形式千奇百怪的后现代观点。形式多样性无疑增添了透过现象触及本质的研究难度。当然，如下的各种思考方式都是为了顺利完成这个理论工作而准备的。

（二）据实以证与理论建构

本研究的核心目标之一是系统整理与高等教育公平有关的理论认识。目前，这个理论整理已经基本完成，它是笔者数十年学习、工作和研究的综合积累。尽管笔者对它比较自信，但不能确信读者阅读后，也能够变得信服于它。这需要专著能够详细说出它的可信之处，目前看来，让读者信服的唯一的最可靠方法是据实以证。从字面看，据实以证就是严格的学术研究中的实证，这并非故意饶舌或兜弯子。实因笔者对"实证"已经积累了些敬而畏之的复杂心情，所以特意选择了稍有不同的据实以证的四字之语。以此表明，这里的"实证"并非有些研究中所说的"实证"。

实证是当前学术界最有影响力的词汇之一。[①] 但在个人的主观印象中，笔者所在的学术研究领域里，对实证有如下几个互相联系的认知侧面：实证乃万能之法，实证乃安易之法，实证研究与理论研究相对。实证万能的认识自然有些可笑，实证不仅并非万能，甚至也可能确实不比其他方法更强。任何方法均有其适用范围，只能针对某些领域或问题。实证与其说是一种方法，不如说是一种思维方式和研究程

---

① 冯向东.高等教育研究中的"思辨"与"实证"方法辨析[J].北京大学教育评论,2010(1)：172 - 178；阎光才.如何理解中国当下教育实证研究取向[J].大学教育科学,2020(5)：4 - 11.

序。实证很难轻易地掌握与熟练运用,它不等于问卷调查或其他形式的收集数据方法,也不等于定量研究。实证研究不仅不与理论研究相对,反而是其重要组成部分,它是对理论假设与现实拟合程度的检验。泛而言之,在现实中检验理论就是实证。缩小到学术研究中,按照严格的程序,从现实中收集数据、分析数据和据此检验理论的真与假就是实证。当然,这里的理论已经具体化为研究假设,理论的真与假也不是绝对真理的真与假,而只是条件性数据与具体化假设的契合程度。

并不是所有的理论假设都能够寻觅到相应的社会现实来考校一番,在高等教育公平的研究中,情况更是如此。比如,本研究意在用"大历史观"分析高等教育公平。"大历史观"要求截取较长时间的历史发展阶段,按照黄宇仁的观点,至少在百年以上的历史时光的隧道里才能够比较清晰地弄清历史发展变化的真貌。然而,我国高等教育从精英阶段经过大众化阶段而至普及化阶段,仅仅用了二十年左右的时间。[①] 大众化阶段之前的高等教育规模过小和学生选拔过严,无法或无须谈及公平议题。二十年发展史则无法为大历史分析提供合格而充分的素材和证据。这时候运用大历史分析具有危险性,因为它过度依靠良心和良知的推演。

不过,实证也可以通过严密的推演方式实现。一般的实证需要依托从现实中得来的具体数据,因而这类实证具有明显的归纳的性质。与此相对,演绎实证应该也具有理论可行性。比如,经济学者在分析供求关系时,往往会首先创造出一系列供给与需求的数量和价格,然后使用这些实际上并不存在的数字来说明供求变化与价格之间的关系。[②] 这就是最浅显的演绎实证的例子。当然,这些数字必须与理论假设基本一致,而且其背后蕴含的基本规律也必须与实际数字所体现的现实规律相差不远。社会学者雷蒙·布东(Raymond Boudon)在分析学历与社会上升流动的关系时,也是首先假想了一个工业化社会,并根据调查结果预设了社会阶层结构的统计特征以及学校教育与社会阶层的结合系数,然后分析公平的变

① 王世岳,周璇."普及后"的中国高等教育去向何处[J].江苏高教,2021(6):117-124;胡建华.高等教育普及化的中国特点[J].高等教育研究,2021(5):27-34.

② [美]曼昆.经济学原理·微观经济学分册(第5版)[M].梁小民,梁砾,译.北京:北京大学出版社,2009:54-68.

化趋势。<sup>①</sup> 本研究第四章的分析也是演绎实证的初步尝试。当然,与雷蒙·布东有所不同的是,第一,本研究借鉴经济学的分析观点,主要使用工资收入而非职业为指标来划分社会阶层。第二,本研究借鉴历史学的大历史观,观察对象不局限于两代人间的社会流动,包括五代人间的社会流动。

（三）宏观分析与见微知著

相对于现实的特殊性,不同理论因其抽象性而均具有一定程度的普遍性。这就客观地决定了在理论研究中,从宏观角度进行分析具有较强的研究本身的内在规定性。但是,理论研究的内在规定的宏观性要求仅体现在研究的基本原则上,而非研究的具体程序、方法和技术等方面。对具有宏观性的理论进行严密的实证就要求在研究的具体过程中尽量见微知著。

"见微"是指对现实的观察和分析的细致性、周密性和全面性。其基本要求包括:切入点要尽可能小,分析范围必须限定和分析内容相对具体。"见微"是国外的实证研究的学术传统的强项。当然,中国学术中也有类似的"见微"传统,比如,至今仍被称道的有清朝繁盛无两的考据之学。<sup>②</sup> 但传统考据只是就书本考证书本,与时代和现实的特征以及需求基本无涉,也无可见的严密程序。

"知著"则是以小见大。当然,这里的"小"与"大"不是物理学上表示规模或范围的机械名词,而是指具体与抽象、特殊与一般的哲学分别。真正的实证研究要尽可能从特定对象的实证结果中得出相对一般性的结论,然后再从具象的结论中抽象出较一般的规律性认识。现在,至此高度的学术论文极为少见。其实,在中国传统中,以小见大也受到重视。但其方法以类比和隐喻见长,与现代逻辑不同。

## 二、现实的视角

现实的观察视角要求对高等教育公平进行长期、动态和综合的观察。

①  Raymond B. Education Opportunity and Social Inequality: Changing Prospects in Western Society[M]. New York: John Wiley - Interscience,1974: 2 - 19.
②  郭康松,陈莉.清代考据学派的学术特色及学术贡献[J].史学史研究,2019(2): 38 - 46.

从长期视角观察是高等教育公平的现实研究的基本原则。[①] 如果仅仅就任何一个截面的时间点来看，用数字来表示的高等教育不平等肯定会存在。但是，由于缺乏合适的参照或比较对象，研究者或决策者无法准确地做出相应的价值判断。具体地说，研究者或决策者无法断定在这个时间节点上高等教育不平等的程度是大还是小，因而也无法明确促进公平提升还需要什么样的政策手段。最基本的一个方法是，再经过一段时期后，截取另一个时间点的高等教育不平等状况的同类数据。然后，两相比较，才能够看清楚高等教育公平的现状的基本性质。如果发展趋势是不平等程度变小了，则说明高等教育比较平等；如果两个时点间的发展趋势是不平等程度变大了，则说明高等教育不平等。不过，针对平等或不平等的发展趋势，接下来应该采取何种政策手段来促进仍然不明确。这时候，国际比较就成为重要的方法。一般而言，评价的时间段的跨度越长越好。如果条件允许，也可能取三个或更多的时间点来比较。长期视角暗含价值判断：高等教育公平不存在绝对标准，而只有现实标准。[②]

动态视角指需要关注数据收集不同时间点的指标内涵的明显变化，动态视角自然以长期视角为基础。以上述两个时间点的比较为例，把第一时间点选在1999年9月，第二时间点选在2020年9月。[③] 由于这段时间之间，我国社会经济和高等教育制度的变化很大，与第一时间点相比，第二时间点的城乡指标和高等教育指标的实际意义都发生了很大变化。这就使得形式上具有可比性的就学率指标实际上变得不可比较，或者说这样的比较的结果就失去了实际意义。所以，严格的研究者不能只盯着这类表达社会结构整体发展趋势的指标，而应使用个体数据，借鉴代际移动表思维，[④]分析真正的变化。目前，国内尚无此类数据和研究。

① 徐国兴.从现实出发论高等教育公平[J].复旦教育论坛，2013(1)：5-9.
② 与此同时，其中还存在着主观和客观的对立。公平衡量的时间点截取具有较高程度的主观任意性。因此，从这个意义上来看，看似客观的高等教育公平衡量也可能具有较强的主观性。降低这个主观性的基本方法是，根据高等教育发展的某些客观标准来截取观察的时间点。比如，把高等教育大众化开始之时视作观察点 $T_1$，把高等教育普及化开始之时视作观察点 $T_2$。
③ 1999年是我国高等教育大扩张的开始之年，2020年是我国高等教育进入普及化阶段的第一年。
④ ［美］彼得·M.布劳，［美］奥蒂斯·杜德里·邓肯.美国的职业结构[M].李国武，译.北京：商务印书馆，2019：37-102.

综合视角是指在合理分析的基础上,尽可能把不同因素及其影响综合起来。比如,与西方不同,在中国的城市与乡村之间,实际上显示出不同程度的连续性存在。尽管我们可以在学术研究中技术地把社会结构划分为性质不同的城市与乡村,但这种划分仅具技术或操作的意义。再如,我国不同类型的高等教育机会也具有较高连续性,绝非像研究者在学术论文中经常划分的那样,可以如此简单地归为性质不同的几大类。另外,不仅需要把高等教育公平的三个基本内容联系起来,还需要把高等教育公平置于社会公平的宏观框架之中分析。

## 三、政策的视角

政策视角指在实证研究时以高等教育公平政策的分析为核心。它具体包括以下三个主要侧面:高等教育不平等向着平等的理想状态的发展,公平政策对该发展趋势的积极影响或促进程度的大小,经济政策为核心的不同公平政策的实际效果之比较。

整体上,世界主要国家高等教育均由不平等向着比较平等的状态发展,至少最近二十年来的基本发展趋势如此。[①] 不过,在同一时期内,整体上,我国高等教育平等化发展的趋势也相对比较明显。[②] 精准把握高等教育平等化发展趋势是公平政策研究的合理基础,对平等化发展趋势把握失准会导致判断和决策不当。如果过大评价平等化发展,则可能会引致减少投入的错误政策;如果过小评价平等化发展,则会引致扩大投入的浪费政策。

采取政策视角时需重视的另一侧面是:在高等教育平等化的发展中,有没有公平政策的影响?这个判断看似容易,实际上着实不易。这是因为,影响不平等

---

① 吴亮.美国高等教育入学机会的阶层公平保障:缘起、发展与趋势[J].高教探索,2020(5):52-57;赵鑫,周冠环.英国追求高等教育机会公平的经验及启示[J].高教发展与评估,2014(3):69-74,103;池建新.论高等教育普及化语境中教育机会公平的保障——以日本为借鉴[J].南京师大学报(社会科学版),2016(3):88-95.

② 吴愈晓.社会分层视野下的中国教育公平:宏观趋势与微观机制[J].南京师大学报(社会科学版),2020(4):18-35.

发展趋势的因素实在太多。即使仅仅聚焦于政策,其中也有无意识政策和有意识政策之分。所谓无意识政策即政策本身不是指向于促进高等教育平等,但客观上促进了高等教育平等。而且,对于有意识政策"该不该"和"能不能"的争论一直没有停歇,[①]这也会影响政策的制定和效果。

在世界上主要发达国家里,现代公平政策包含多种措施。这些措施或有机组合或互相矛盾,已经发展成为一个非常复杂的政策体系。[②] 其中,各种经济措施是该政策体系的核心。因此,政策分析首先需要重视政策手段和效果的经济侧面。所谓经济手段主要是大学生经济资助;所谓经济效果主要是大学毕业生的劳动收入的增值。重视经济侧面即在众多因素中,强调经济因素,寻找促进公平的最有效经济资助形式,发现公平政策背后的经济规律。

## 第二节　理论框架的反思与采选

对社会公平、高等教育公平以及二者关系,历来有两个明显不同的研究传统,这两个理论流派分别出现在社会学和经济学的领域里。长期以来,社会学风格的研究占据了主导地位。本节在分别综述两种流派的理论框架后,试图把二者综合起来,构建本研究的理论框架。

### 一、职业为指标的社会地位流动模型

不管为政者公开地承认与否,在当前世界上的主要国家里,社会地位的垂直

---

① 近年来,在国际上,质疑公平政策的效果的实证研究和学术观点逐渐多起来。
② 陈有春,奉艳云.新中国高校学生资助制度的历史嬗变[J].湖南农业大学学报(社会科学版),2006(1):69-72;范先佐.我国学生资助制度的回顾与反思[J].华中师范大学学报(人文社会科学版),2010(6):123-132;冯涛.大学生资助政策的历史回顾与制度设计[J].中国高等教育,2018(12):40-42.

分层都是明显存在的。① 只是有些国家的社会地位的分层多一些,而有些国家整体社会地位的阶层结构显得更为扁平一些;有些国家的社会地位的阶层之间的界限明确,跨阶层流动较难,有些国家的社会地位的阶层界限模糊,跨阶层流动较易。即使在同一个国家里,决策者和研究者使用的社会分层指标也不尽相同,依据指标得出的社会地位的阶层类型、层级数量及整体特征自然有所差别。总而言之,在现代社会的发达国家里,社会地位的分层普遍存在。

（一）社会流动的基本模型

不管所依据的社会地位的分层指标如何,研究者常常把宏观的社会地位分成五个或四个等级,然后比较不同等级的人口结构来把握该社会结构中的公平或不公平的程度。经济学家有时候还会使用家庭或个体的劳动收入作为指标,把社会分成十个等级。② 计算出来的公平系数主要有两种形式:社会资源分配的基尼系数和最高最低阶层的人均比。

对于某一时间节点的公平系数,可以根据习惯认识、学术研究的理论结果和国际比较三种方式决定其大小。其中,国际比较的结果最具有社会舆论的说服力,但在研究技术上也最为困难。不管采取什么样的社会地位的阶层指标和分析方法,其结果均表明,与绝对公平的理想状态相比,社会地位不公平的现象普遍地存在。因此,久而久之,决策者、研究者和社会大众都觉得应该从一段时间的变化中来把握社会是否公平。

在这种情况下,大部分发达国家的有关政府部门均会按年度来收集相关数据,并在这些数据的基础上,计算上述的某种公平系数。至于采取何种公平系数,往往取决于历史传统和行政习惯。但这种方法除去能够粗略把握公平的宏观趋势,产生相应的社会舆论上的价值以外,并不具有任何理论意义和实际价值。试想,真正的公平变化怎么能够在一年之间发生呢?

---

① [美]哈罗德・R.科博.社会分层与不平等:历史、比较、全球视角下的阶级冲突[M].蒋超,等,译.上海:上海人民出版社,2012:3-21.
② [美]曼昆.经济学原理・微观经济学分册(第5版)[M].梁小民,梁砾,译.北京:北京大学出版社,2009:437-442.

研究者当然相对更为谨慎一些。严格的研究者一般把代际间的阶层流动作为实证研究的焦点。以下为了让本章的说明再简单些,假定有这样一个现代社会存在,该社会仅有甲和乙两个界限分明的阶层,其中甲为上层,乙为下层。由于现代社会的高流动性,甲子可能为上层也可能为下层,乙子也一样。代际间的阶层流动如图2-1所示。

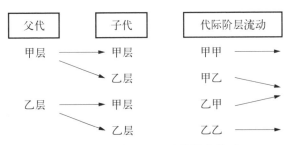

**图 2 - 1　社会阶层流动的基本模型**

显然,出自不同阶层的代际流动有多种可能的现实模式。同时,也可以计算出一个流动系数来表示整个社会的阶层流动的程度。理论上,通过代际流动观察来评判社会公平的程度是最合理的方式。但是,除去数据收集和数据分析等技术上的诸多实际难题之外,代际流动分析所需要的时间跨度较长,一般而言,两代人之间约有25—30年。如前所述,没有研究者能够如此长时间跟踪一个研究议题,也没有决策者和社会大众有耐心等待这样的社会调查的结果。为此,如下所述,研究者常采取替代的数据收集和分析方法。

另外,如果以是否接受高等教育为指标划分社会地位的阶层,在图2-1中,甲层为高等教育文凭持有者,而乙层为非高等教育文凭持有者。这样,就变成了纯粹的高等教育获得的代际流动。与其他社会地位的阶层指标相比,高等教育文凭边界相对清晰,容易辨认。

**(二)考虑高等教育因素的社会流动模型**

纯粹研究高等教育机会的代际流动自然也具有相应的重要理论意义和政策价值。但是,本研究主要关注社会阶层如何影响高等教育机会获得,以及高等教育机会获得又如何影响社会阶层地位的获得。而且,在现实中,社会地位阶层肯定也不可能只有甲与乙两个。所以,本研究把三者之间的关系进一步抽象梳理,如下图 2-2 所示,这是教育和社会流动经典模型。

**图 2-2 高等教育为中介的社会流动模型**

在图 2-2 中,完全切断父代社会地位对子代社会地位的直接影响是不可能的。[①] 为此,研究者实际上最关心的一点是,父代社会地位对子代社会地位的直接影响和高等教育获得对社会地位的间接影响的大小的比较。如果后者大于前者,哪怕父代与子代的社会地位的关联比较高,这个社会也被认为是倾向于比较公平的。当然,这个社会公平有可能只是形式上的公平,因为父代社会地位会影响子代高等教育获得。为此,在这个模型中,研究者一般还会增加两个误差变量,其中一个误差变量影响子代高等教育获得,另一个误差变量影响子代社会地位的获得。如果前一个误差变量对子代高等教育获得的影响超过父代社会地位的影响,则该社会的高等教育机会则较为公平。该误差既有可能是偶然机遇,也有可能根本上来自政府和社会对大学生的经济资助。如果后一个误差变量对子代社会地位获得的影响超过父代社会地位的直接影响和间接影响的总和,则这个社会的社会地位分配仍然是相对比较公平的。改变社会地位的误差变量主要是政府在工作机会分配上的各种倾斜政策,但是,期望这一点完全成真或发挥关键作用也是不现实的。尽管社会地位分配整体上越来越公平,但在精英社会地位分配上,父代社会地位仍然起着决定性作用。

---

① 可以从遗产税的积极功能和消极功能来思考这个问题完全解决的理论可能性(相关讨论参见,蔡诚,杨澄宇.财富不平等与遗产税的财富分布效应[J].中国经济问题,2018(5):86-95;冀云阳,赵颖博,黄帅.国外最优遗产税理论研究综述与评价[J].税务研究,2020(12):90-96;禹奎,刘锋.美国遗产税制度运行及变迁对我国的启示[J].税务研究,2018(9):70-75).从国际比较的角度分析,关于遗产税与收入分配公平的关系的争论可能主要在于,以公平调节之名而行纯粹征税之实的危险性。其次才是税收额度的技术问题。但是,征税的目的与手段之间如何紧密关联属于体制的次生议题,不在本研究的理论讨论的范畴之列。从实际情况看,我国在某些领域,比如房产的继承上,已经存在着某种形式的遗产税征收制度。

所以,在精英社会地位分配公平的研究中,比较可靠的现实思路仍然是比较父代社会地位的直接影响和通过高等教育获得的间接影响的大小。如果间接影响较大,就可以判断精英社会地位分配相对比较公平。如果间接影响变大以至于超过了直接影响,则基本可以为该社会的公平而"歌功颂德"了。

上述模型有两个主要的变化形式。第一个变化形式是,把子代社会地位分为初次社会地位和当下社会地位。初次社会地位指子代刚从学校进入社会时获得的社会地位,当下社会地位是指调查时点的子代社会地位。由于在个体生涯中,其社会地位会发生很多变化,这样的进一步划分就更能够区分不同因素对子代社会地位获得的真实影响。这就是美国社会学家布劳 (Blau, Peter M)等人最初采取的模式。[①] 第二个变化形式是,使用劳动收入代替职业作为社会地位的指标。如前所述,尽管划分社会地位有不同维度,但在现代社会里,职业才是最重要的指标。不过,职业作为社会地位指标的缺点也越来越明显。主要原因是: 第一,个体一生中的职业,尤其是职业岗位的变化越来越快。尤其是在年轻人中间,一年换一次工作的现象也非鲜见。第二,宏观经济结构变化和行业变动导致职业岗位自体消失或新增等。第三,根据职业进行社会地位分层存在技术难题。在研究中,不同职业之间有时候很难分类与比较,越到基层越是如此。但如果把职业换成劳动收入,则这些技术问题就消失了。当然,这不是说,使用劳动收入作为社会地位指标就不存在任何实际问题了。对此点,将在下文中详述。

迄今为止,大部分社会公平和高等教育公平的定量研究都是在这个框架下进行的。统计上则主要采取结构方程模型来分析。当然,不同目的的具体研究所使用的计算机分析软件可能有所不同。不同研究对于社会公平和高等教育公平与否的结论未必完全一致,其背后的主要原因如下: 不同国家的研究结果之间很难精确比较;即使在同一个国家,不同研究的数据代表性也不相同;另外,即使在同一国度,时代变化也会影响公平。尽管如此,这些研究结果让我们对社会公平和高等教育公平的理解越来越深刻,而不是仅仅停留在表面感受上。

---

① [美]彼得·M.布劳,[美]奥蒂斯·杜德里·邓肯.美国的职业结构[M].李国武,译.北京:商务印书馆,2019: 11 - 212.

### （三）高等教育影响下的长期社会流动模型

概观代际间社会流动研究的主要结果可知，相当多的研究都承认父代社会地位既对子代社会地位具有明显的直接影响，也通过影响子代高等教育获得而产生间接影响。那么，这种社会地位的代际的影响究竟会持续多长时间？一些研究者曾经通过几代人之间的相关关系来查证代际影响的继续程度。[①] 但是，我国传统上一直存在"君子之泽，五世而斩"之说，[②]可见我国社会一般并不认同代际间影响的长期存在。当然，对该长期影响的存在与否，同样可以通过定量研究来实证其真伪。为此，研究者只要把图2-2扩展为图2-3即可。

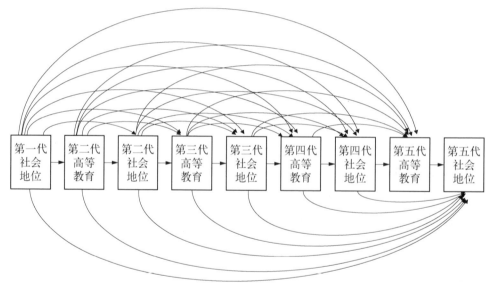

图2-3　高等教育为中介的长期社会流动模型

---

① 梁晨,董浩,任韵竹,等.江山代有才人出——中国教育精英的来源与转变(1865—2014)[J].社会学研究,2017,32(3)：48-70,243.

② 语见《孟子·离娄章句下·第二十二节》。原文为"君子之泽五世而斩,小人之泽五世而斩。予未得为孔子徒也,予私淑诸人也"。"五世"一说为"三世"。语出《战国策》中的《触龙说赵太后》。原文为"左师公曰：'今三世以前,至于赵之为赵,赵王之子孙侯者,其继有在者乎？'曰：'无有。'"在中国的大众社会里,此类俗语更多。比如,"十年河东十年河西""皇帝轮流做,明年到我家""风水轮流转"等。整体上,中国社会的流动程度相对比较大。如果仅仅从社会基层来看,可能更是如此。

　　理论上,图2-3几乎不存在任何明显缺陷。但是,这个理论模型如何在现实中收集到相应的定量数据呢?为了说明其难度,我们不妨回顾代际间流动研究收集数据的基本思路。两代人流动的数据看起来是时间系列的数据,但从收集程序的角度来看,实际上仍是截面数据。收集的主要途径是通过调查对象回顾其父母社会地位,或者同时调查其父母社会地位而获得的。通过这样方式收集而得到的数据有可能存在着巨大的样本偏差,这是因为作为流动起点的父代社会地位不具有任何理论上的代表性,甚至也无法衡量其样本是否存在偏差,这就更加衬托出跟踪数据的可贵之处。如果两代人之间就难于取得相应数据,数代人之间就更难了。如果以百年左右为研究时段,那就要跨越五代人左右的长度。如此长时段的跟踪研究根本不可能,只有使用历史数据才有一定的研究可能性。[①] 然而,在学术研究上,历史数据的可信性一直受到诟病。有人会说,从古希腊到现代欧美,西方历史不是连续的吗?其实,这种连续可能仅在思想观念或文字记载上多少有所体现,但在社会结构上就难觅任何影踪。再说,我国高等教育成为重要社会制度的历史并不长,迄今为止不过百余年,而高等教育大众化发展也只有20年左右。即使放到高等教育大众化发展最早的美国,从大众化始迄今为止也未超百年。也就是说,目前尚不可能有这样的现实数据可供图2-3来用于实证分析。

　　(四)职业和社会地位指标

　　用定量方法来把握社会地位及其流动变化,社会地位的指标选择特别重要。当前,不管是亲代还是子代,一般使用职业作为社会地位的指标。但是,在任何一个现代社会的国家里,实际上,除极少数专门职业以及政府公职之外,大多数职业之间缺乏清晰界限,也无层级分明的可能性。[②] 如果想广泛地研究社会阶层流动,

---

① 梁晨,董浩,任韵竹,等.江山代有才人出——中国教育精英的来源与转变(1865—2014)[J].社会学研究,2017,32(3):48-70,243.

② 这一点其实意味着,在现代社会里,普通劳动者的职业在一生中具有较广泛的流动性。另一方面,对于大多数人而言,社会上升流动的理论研究可能不具有较高的实际价值。当然,这也反面衬托了本研究以精英高等教育公平为核心的重要性。

就必须把大部分职业都囊括进一个相对合理的社会地位的层级结构里。[1] 在社会学界,长期以来,一个常用的方法就是使用职业的社会威信指数来对职业进行社会分级。[2] 这虽然解决了技术上的难题,但职业威信与实际地位的差距并不小。况且,除自己身边的有限职业之外,大部分个体均对职业缺乏较深的理解和认识。

与传统社会不同,在现代社会里,个体生涯职业变动也很大。尤其是在刚刚入职的那几年里变动更为频繁。同时,社会职业结构变动很大,也越来越流动化。很显然,客观的职业种类远远不如劳动收入更具有社会地位的代表性。这样一来,从理论上来看,社会流动就从社会学的范畴变成经济学的范畴。从技术上看,如果使用劳动收入作为社会地位指标,再对社会地位进行人为分层就无必要性。劳动收入作为现实中的极为少见的定比变量,可以直接进行各种统计分析。[3] 但是,作为简便、初步或小样本的分析,职业为指标的流动模型仍具有不可替代的价值。而且,本研究侧重于城乡的高等教育机会公平的比较,城乡差异也许不可能仅仅概括为劳动收入的差异。因此,分层模型仍具有一定的适用性。

## 二、劳动收入为指标的投入-收益分析模型

### (一)理论基础

投入-收益分析模型建立在人力资本理论基础上。众所周知,即使在同一个公司工作,其他个人条件近似,但不同劳动者的工资收入也高低不等。人力资本理论对此的解释是,该工资差异主要由个人工作能力差异所致。在个人经验之外,工作能力主要是学校教育的长期累积的结果。学校教育,尤其是高等教育需

---

[1] 社会阶层化是规模化产业高度发达并渗透于整个社会的客观产物。因此,在中国现实的实证研究中,这样做的可能性和必要性仍然会受到部分研究者的理论上的怀疑。

[2] 吴愈晓.教育分流体制与中国的教育分层(1978—2008)[J].社会学研究,2013,28(4):179 - 202,245 - 246.

[3] 虽然工资收入的数学性质是定比变量,但其社会意义未必可以定比地衡量。比如,10 000元税收或补贴对于超级富裕之人来说,对其生活没有任何影响,但对于贫困的人群的生活来说,影响巨大。本研究在具体分析中尽可能兼顾工资收入的数学意义和社会意义。

要大量经济投入,这些投入即人力资本。

从人力资本理论出现至今,已经经过了 70 年左右。其间,对于人力资本理论,来自实践和理论的批评甚多,而且从未停息过。无论如何,教育实践者感情上无法接受人力资本理论对学校教育成果的金钱式解读和衡量。① 当然,这背后可能是理论与实践的巨大的客观隔阂所致,本研究对此无意多费笔墨。理论界的批评主要来自筛选理论和社会化理论。筛选理论认为,工作能力本就天生,学校教育不过是其制度化的一个简便符号。但在高等教育普及化阶段,筛选理论将无法解释大部分学生的大学就学选择行为。社会化理论认为大学教育不过是将既有的阶层差异正当化的现代制度工具,但避而不谈大学就学是否有利于就学者的个人能力增值。而这恰恰是人力资本理论和筛选理论的争论的核心。②

如果以劳动收入作为社会阶层划分的核心指标,并把高等教育获得作为社会上升流动的手段,那么人力资本理论毫无疑问就是最有力的适于分析使用的理论框架之一。客观而言,不同社会地位阶层的经济基础不同,相应地,其教育投资能力就不同,自然其将来的劳动收入也不同。

(二)收益、投入和收益率

高等教育收益不仅仅是指大学毕业生的劳动收入,更精确地说是指大学毕业生劳动收入超过条件近似的高中毕业生劳动收入的那部分。这个生涯工资的差值就是高等教育的纯经济收益,衡量劳动收入的最佳指标是生涯工资总计。与高中毕业生相比,本专科毕业生的生涯工资具有如下特点:起点低、加薪快、峰值高、峰值持续时间长和峰值过后降速小。当然,因为生涯工资差值不是一次性获得,分析时就需要转换为现值。③

与高等教育收益的思路类似,高等教育投入是指上大学比不上大学时多出的额外费用,最直接的一部分就是根据制度规定上交给学校的学费。其次是个人购

① [美] 加里·贝克尔.人力资本理论:关于教育的理论和实证分析[M].郭虹,等,译.北京:中信出版社,2007:XVIII.
② 徐国兴.高等教育经济学[M].北京:北京大学出版社,2013.
③ [美] 加里·贝克尔.人力资本理论:关于教育的理论和实证分析[M].郭虹,等,译.北京:中信出版社,2007:161-174.

置各种学习资料和设备的费用。有些研究者也把超过正常标准的住宿费计算为学费。严格说来,学费还应该包括放弃收入。放弃收入是指因读书而放弃的工资收入,以同龄的高中毕业生的工资为指标。但是,这个放弃收入实际上已经在收益中被减去了,等于被认为是负收益,因而无须再计入费用中。如果在费用中包含放弃收入,则属重复计算。费用也非一次性支付,需要转化成现值。①

　　研究者一般把大学升学视作个人选择决策行为,所以常常把转化现值的时间点选为高中毕业后进入大学之始。即把二、三、四年级的学费根据一定的折算率折算为一年级的学费。与此同理,大学毕业后直至退休前的工资收入也根据一定的折算率折算成一年级时的收入。在相对接近完全竞争的劳动力市场上,投入和收益的现值应该相等或接近相等。费用和收益的现值相等时的折现率就是内部收益率。② 研究者认为,个体的上大学与不上大学的选择行为、不同类型的大学就学选择行为的动机均可以从内部收益率比较的角度来解释。社会对不同高等教育类型的公共投资的选择也可以建立在内部收益率的基础上。

　　其实,不同社会阶层的高等教育机会的公平与否,也完全可以通过内部收益率比较来解释。比如,农村出身大学生和城市出身大学生毕业后的工作类型和工资待遇可能差距很大。这个现象常常被解释为社会歧视的一种,即高等教育和社会就业的不公平。但是,如果把教育投入考虑进去,则城市出身大学毕业生的高工资极有可能来自于其求学期间的较高的人力资本投资。这时候,如果分别计算农村大学生和城市大学生的收益率,细心的读者可能会吃惊,二者并没有多少差距。单纯根据收益批判社会或校正决策反而可能略显不公正了。

## 三、分析框架的拓展与综合

　　本研究依据投入-收益模型分析高等教育公平。但是,上述的模型介绍仅局

---

① 徐国兴.高等教育经济学[M].北京:北京大学出版社,2013:55-61,145-148.
② [美]加里·贝克尔.人力资本理论:关于教育的理论和实证分析[M].郭虹,等,译.北京:中信出版社,2007:109-142.

限在经典理论框架之内。从发展趋势看,经典模型的可拓展之处以及需要结合社会流动模型之处甚多。

### (一)分析框架拓展的主要方面

经典模型的可拓展之处体现在费用、收益和整体思路三个侧面。

在费用方面,需要同时把大学准备费用和政府资助考虑进去。顺利完成大学学业建立在一定的学业准备基础之上,这些学业准备不可能一蹴而就,需要较长时期的学习积累。这个阶段不仅包括高中三年,还包括义务教育阶段,甚至前伸至幼儿园阶段。较好的学业准备意味着较多的经济投入。这些经济投入加总起来数额十分巨大,而且城乡差距明显。[①] 如果把大学准备费用考虑进去,则根据收益率来衡量的公平结果会发生显著变化。与此同时,政府对各级各类学生均有大量资助。在高等教育阶段,政府资助更多,而且,其中的相当部分面向经济困难学生,尤其是农村出身的经济困难学生。如果考虑进去这部分政府资助,城乡大学生的高等教育收益率的比较也会发生不同方向的变化。很显然,这部分费用改变了高等教育就学的投入和收益的比例,提升了农村大学毕业生的实际高等教育收益率。

在收益方面,高等教育收益不仅发生在受教育者的全生涯之中,还会影响到其后代的收入。而且,所影响的可能还不止其子代,"子子孙孙,无穷匮也"。因此,分析高等教育收益还必须考虑多代际收入。这一点明显结合了上述的长期社会流动模型的基本思维。

个体的高等教育收益率受到宏观的社会系统和社会结构中的不同因素的影响,这些因素或来自于劳动力市场或来自于政治经济体制或机制等。比如经济运行周期会带来就业机会的时期差异,而就业机会的时期差异则影响不同时期的毕业生的工资收入。同时,不同类型和专业的高校毕业生具有不同的工作稳定性和失业风险。这些可使用就业风险系数来衡量,就业风险也影响高等教育回报率。

---

① 方晨晨.家庭背景、课外补习与学生非认知能力的关系研究——基于中国教育追踪调查数据的经验证据[J].当代教育论坛,2018(4):39-46;薛海平,赵阳.高中生参加课外补习有助于考大学吗[J].华东师范大学学报(教育科学版),2020(5):93-102;张薇,马克·贝磊,姜文峰.影子教育比较研究的历史回顾与未来展望[J].华东师范大学学报(教育科学版),2020,38(11):21-38.

在受教育过程中,高等教育学习本身也存在风险,比如,入学时充满就业希望的某专业在毕业时突然过时等,这些均需要同时考虑。

（二）分析框架综合的主要侧面

收益率分析结合社会阶层上升流动模型的尝试主要体现在以下两个方面。

第一,以劳动者的工资收入为社会阶层划分的基本指标,同时兼顾其他指标。作为阶层指标,工资收入约相当于经济资本这一侧面。本研究也没有忽视研究者常常关注的社会资本和文化资本等社会基层的主要指标。但是,本研究对二者的兼顾不是机械地同时使用,而是尽可能使用经济变量来衡量社会资本和文化资本。比如,在传统社会学理论中,研究者常把出身家庭的社会资本和文化资本视为影响高等教育获得的重要因素。[1] 本研究则使用学习辅助费用和大学升学准备费用来衡量社会资本和文化资本在不同阶段对高等教育公平的影响,这样就可把本来难以量化和比较的不同因素的影响统一在同一模型之中。

第二,如上所述,本研究在高等教育收益率计算时,尽量吸取社会流动模型注重长期变化的基本观点。这个尝试主要体现在把二世代基础上的高等教育收益率的计算扩展为五世代的高等教育收益率计算的分析思路之上。在此分析结果的基础上,计算并比较分世代的单世代高等教育收益率以及世代累积的高等教育收益率。具体分析参见本专著的第四章。

---

[1] Coleman J. Social Capital in the Creation of Human Capital [J]. American Journal of Sociology,1988,94(1): 95 - 120.

◆ 第三章

# 政策的理念、现实与展望

客观上,高等教育公平包括依次递进的三个侧面:入学机会公平、就学过程中接受的教育质量公平和毕业后就业机会的公平,前一个侧面对后一个侧面存在明显影响。如前所述,本研究的核心是农村资优生和精英高等教育公平,分析集中于农村资优生和精英高等教育公平是高等教育普及化的必然要求。如果置于大众化或精英阶段,高等教育精英选拔也是重要议题,尽管选拔面向的阶层的范围会有所不同。因此,本研究的分析具有一定的普遍意义。

分析焦点为政策如何促进高等教育公平。从内在性质而言,政策包括政治的、经济的和社会的三种不同的手段。政治手段主要是各种配额措施,经济手段主要是各种经济刺激措施,社会手段主要是各种促进公平的基础设施的建设措施。政治手段的反对意见较多,社会手段难以有效排除非政策对象,研究者偏好经济手段。[①] 本研究也侧重经济手段分析。

使用经济手段的关键是解决受教育者的经济支付能力不足的问题。本章拟分析的三个核心点是:为什么要经济资助? 什么资助形式最有效? 资助制度如何运行? 以下就从政策的理念(第一节)、现实(第二节)与展望(第三节)三个角度对这些议题展开分析。

# 第一节　政策的理念

从经济资助的经费的直接来源看,大学生资助的主体有政府、高校和社会慈善者。三者资助的内在动机不同,该动机一旦外显,则凝结为资助理念。本研究仅关注政府对大学生的资助,分析焦点集中在政府资助的必要性、最佳形式和最

① ［美］加利·贝克尔.人力资本理论:关于教育的理论和实证分析[M].郭虹,等,译.北京:中信出版社,2007:21.

优运行形态上。

## 一、资助的必要性

资助的必要性需回答"为什么要对大学生进行经济资助",这是资助研究的基本问题。

对个体大学生来说,上大学需要支付很多费用。[①] 与此相应,在每个现代国家里,政府尤其是中央政府都会对大学生实行不同形式的经济资助。[②] 那么,政府为什么要对大学生进行如此多的经济资助呢? 对此要从理论上回答圆满并不容易,上大学需要大量花费并不是需要政府资助的充要理由。这是因为,在生活中,需要大量花费的个体消费事项很多,比如买房、买车。这些花费可能比大学费用还要多。[③] 有人可能会说,对个体来说,买房和买车没有上大学重要。但是,在花费巨大的个人事项中,看起来比上大学更紧要的事情也很多,比如生老嫁娶。[④] 而且,即使大学学费必须由政府来资助,究竟应该资助多少也很难明确判断。

迄今为止,对政府从经济上资助大学生的必要性的理论说明着实繁多。但归纳起来看,不外乎人力资本理论、成本分担理论、公共物品理论和教育机会公平理论等。[⑤] 其中,成本分担理论与其说是理论,不如说是国际实践的归纳,[⑥]也就是说,其

---

[①] [美]罗纳德·G. 艾伦伯格.美国大学学费问题[M].崔玉平,译.北京:北京师范大学出版社,2008:67-88.

[②] Johnstone D B. The Economics and Politics of Cost-Sharing in Higher Education: Comparative Perspectives[J]. Economics of Education Review,2004,23(2):403-410.

[③] 2019年度的调查表明,我国普通公立高校的本科四年的总费用(含食宿费等)平均在10万元左右,一些中外合作办学的高校或专业的总费用要远远高于这个数字。

[④] 我国一部分发达地区已经开始对生老嫁娶等个人事项,尤其是其中的生育行为实行较高的政府资助。具体事例参见上海市规定(社保网.上海生育津贴2021年新政策,2021生育津贴领取标准及规定[EB/OL].[2021-08-02].http://shebao.southmoney.com/shengyu/202104/101533.html)。但是,对这些民生事项,政府是否需要深入介入,理论上仍然存在明显不同的意见。

[⑤] 冯涛.国家助学贷款制度研究[M].上海:上海社会科学院出版社,2009:1-9.

[⑥] Johnstone D B. The Economics and Politics of Cost-Sharing in Higher Education: Comparative Perspectives[J]. Economics of Education Review,2004,23(2):403-410.

他国家都这么做,所以这样做可能有道理。公共物品理论与人力资本理论中的社会收益率概念非常接近。教育机会公平理论也并非完全无懈可击,因为,高等教育机会公平作为公共善,自然是值得永远追求的理想的社会目标之一。但是,如果高等教育机会公平本身缺乏巨大的社会经济价值,那么要求当下的政府投入巨量财政资金的现实理由就不十分充分。这是因为,人类社会需要实现的理想目标着实数不胜数,政府必须为之排定优先次序。只有人力资本理论看似在政府大学生资助行为的解释中最具有理论说服力。当然,围绕大学生经济资助,即使在人力资本理论中,也存在多样化的正反观点的较量,争论促使认识不断深化。

长期以来,在人力资本理论的拥趸群体中,对政府的大学生经济资助政策,既有大量支持者,也有大量反对者。支持者认为,上大学所需费用是人力资本投资,人力资本的量与质对社会经济生产的量与质均有着重要的积极影响,所以,个体上大学行为需要政府资助,这是最正统的人力资本理论的政策解释。针对支持者的这个观点,反对者认为,人力资本的个体投资虽然巨大,但是相应的个体经济回报也非常高,所以其费用不宜由政府通过经济资助来承担。[1] 针对反对者的这个观点,支持者认为,上大学既存在较高的私人收益,也存在着较高的社会收益,

---

[1] 认为政府对大学生进行经济资助或实行学费减免(最极端的例子是免费＋奖助学金制度)不公平的另一理由是,政府财政主要来源于税收,税收由大部分国民支付,而实际上只有极少数国民能够进入高等教育机构学习,在这极少数国民中间,来自社会上层的国民子弟居多。因此,大学生经济资助的财政实际是"劫贫济富"。这个观点由来已久。马克思曾经说过,"如果说,在美国的几个州里,'高一级的'学校也是'免费的',那么事实上这不过是从总税收中替上层阶级支付了教育费用而已"(马克思.哥达纲领批判[M].北京:人民出版社,2015:29)。马克思所说的"高一级的"是相对于"普遍的义务教育"或者说"国民学校"而言的,即只有少数人才能够享受的高等级的教育。但是,随着高等教育普及化,所有国民都能够进入最低等级的高等教育的时代已经来临。比如,在美国的当下,几乎所有人都有机会进入社区学院学习。在这种类型的高等教育机构中实行免费教育则不存在"劫贫济富"的现象。因此,美国一些州最近呼吁社区学院实行免费的高等教育。当然,迄今为止,在本科阶段尤其是其中的精英类型的高等教育中,任何具有实质性补贴的政府资助都难免遭受"劫贫济富"的指责。研究者目前在这一点上认识比较一致。但是,也存在一些反对观点。一个反对观点是,相对于"穷"人而言,"富"人缴纳的税也多一些。另一个反对的观点是,政府的大学生资助不仅仅是解决求学者的经济负担问题,还具有多种综合功能,如奖励优异成绩或勤奋学习态度等。最后,需要注意的一点是,这里的"穷"与"富"实际都是限定在有钱阶层里,即其年收入能够达到国家征税水平之上。这个"穷"与扶贫政策中低于国家贫困线下的"穷"的程度完全不同。

本着谁受益谁负担的基本原则,大学学费就需要政府资助,这一观点也与高等教育的成本分担和公共物品的基本观点相一致。如果政府不资助,则个人投资就会低于社会对人力资本的投资,结果就影响社会的人力资本生产,继而是社会生产的顺利进行。针对支持者的这个观点,反对者认为,人力资本投资的收益主要是个人收益,没有或很少存在社会收益,所以,政府不宜对之进行经济资助。针对反对者的这个观点,支持者认为,即使人力资本投资没有多少社会收益,也需要来自政府的经济资助,因为现实中有大量的经济困难人群存在,如果缺乏政府的经济支持,会有很多有能力进入高校学习的大学生因经济原因无法进入高校学习。而且,客观上也会导致降低人力资本投资的社会总量。针对支持者的这个观点,反对者认为,不仅人力资本投资的个人经济回报非常高,高校毕业生的整体收入也高于同年龄群体的平均水平,如果政府使用财政资金来支持这些人,整体上来看,实质上就等于劫贫济富,这未免有些可笑。针对反对者的这个观点,支持者认为,大学生的就学行为的经济收益虽高,但该收入却不是当期,需要延后很长时间才能逐渐获得,所以这些收入根本无法用来支付现期的求学费用。针对支持者的这个观点,反对者认为,既然升学者能够预见将来的不菲收益,则可以通过各种方法自己去筹措学费,当前,社会上存在着各种借贷机构。针对反对者的这个观点,支持者认为,大学生的个人经济信用不足,甚至接近于零,所以社会上没有商业金融机构愿意向他们发放贷款。但是,双方争论至此,争论的焦点实际上已经完全转变。其核心已经不再是政府应该实行经济资助与否,而是政府应该采取何种形式对大学生进行经济资助了。由此可见,不管如何争论,经济学者的基本意见均倾向于面向大学生实行政府资助。对此下面再谈,这里先插说充分性。

与政府资助必要性紧密相联系的是对大学生进行经济资助的充分性。在传统上,政府的大学生资助多寡与政府财政状况直接而紧密地相连。简而言之,政府手里钱多的时候就多资助,钱少的时候就少资助。这样的政府资助体系完全取决于外部经济状况和政府财政收入状况,本质上仍是基于慈善的象征性资助制度的政治翻版。但在现代社会的发达国家中,其政策的基本依据是学费不足补齐的治理思维。这以二战后的美国大学生资助制度为代表,在这个制度中,首先计算大学学习的总费用,其次计算家庭的贡献率,再次计算学生得到的各种经济支持,最后,总费用的不足部分由联邦政府来补齐。但是,因为补齐依靠财政拨款,而财政拨款肯定会因年度财政收入变化而受到不同程度的影响,所以完全补齐还是存在实际困难的。结果就是一部分学生没有如愿得到资助或者一部分学生得到的资助实际不能满足需要。但是,仅仅学费不足补齐并不充分。在理想状态下,政府资助还应该略有盈余。为此,笔者设计了过度充分制度,该制度实行费用的120%资助。[①] 在高等教育普及化时代,这个盈余思维值得重视。

## 二、最优资助形式

既然政府经济资助的必要性已经得到了充分的论证,接下来需要深入分析的议题就是哪一种政府资助形式的效果最佳。从各国大学生经济资助的现实体系来看,政府实行的大学生经济资助主要有奖助学金、助学贷款、税费减免和其他四种形式。其中,占主体地位的是奖助学金和助学贷款,[②]所以,理论上,首先应该比较二者的优缺点。

一般认为,奖助学金和助学贷款各有优缺点。奖助学金具有如下明显的优点:对受资助者的资助力度较大。由于没有回收程序,后续的政府的管理成本较低。但是,奖助学金带来的政府财政负担较大。与此相比,助学贷款对受资助者的资助力度较小。助学贷款本金无须政府负担,所以政府财政负担相对较小。不过,当逾期还款率和总额积累到一定程度时,其引起的财政成本较高。而且,由于存在复杂的回收程序,后续的管理成本巨大。研究者认为,在财政、税收和个人征信制度相对不健全的发展中国家不宜使用助学贷款。[③]

①    徐国兴.大学生资助体系完善策略探析[J].教育发展研究,2018(1): 14 - 18,68.
②    徐国兴.美国研究生和本科生资助体系特征的比较及启示[J].学位与研究生教育,2015(3): 69 - 72.
③    李红桃.国家助学贷款运行机制[M].武汉:华中科技大学出版社,2008: 60 - 92.

但是,必须从政府的大学生经济资助的基本目的出发,才能判断政府的奖助学金和助学贷款的优缺点。如上所述,政府进行大学生经济资助要解决的基本问题是,要把大学生个人的将来收入顺利地转移到现在来使用。这有点类似于科幻小说中的时空穿越,仅依靠本人似乎不可能实现。但是,在经济学中,一直存在着个体收入的生涯周期平滑理论。[1] 该理论提倡通过平滑手段把个体生涯的高收入时期的收入移至低收入时期来使用,现在各发达国家盛行的社保制度就是典型应用之一。[2] 与社保制度的现在储存将来使用的特征有所不同的是,在本研究中,助学贷款就是把将来的劳动收入拿到现在来消费。[3] 通俗地说,在个体没有钱的时候,政府借钱供个体消费;在个体有钱的时候,再还给政府。仅从这一点来说,这与政府主导的住房贷款并没有任何本质的区别。但是,助学贷款和社保制度与住房贷款的根本区别在于,用于助学贷款还款的收入是助学贷款带来的经济回报;社保制度中的老年社保是年轻时的劳动收入。具体地说,还款是依靠助学贷款投资于人力资本而获得的个体劳动收入的增值的一部分。不管是对于个体还是对于政府而言,助学贷款均是典型的借鸡生蛋。所以,在理论上,助学贷款才是政府进行大学生经济资助的最优形式。

尽管理论上助学贷款是最佳的大学生资助形式,但是助学贷款在实际运行中出现过明显的问题——助学贷款的逾期还款率过高,这就使助学贷款受到了来自社会各方的长期的激烈批判。批评者认为,如此高的逾期还款率使助学贷款成为政府的财政负担,实际上还不如奖助学金更为有效。但是,这种批评可能仅着眼于当前的表面状况,而且未必全面。逾期还款率过高未必是助学贷款制度本身的内在缺陷所致,调查表明,逾期还款主要有三个原因:忘记按时还款,确实没有钱还款和有钱而不还。对于忘记按时还款者只要改变回收方法,比如改为从工资中

[1] Chapman B, Higgins T, Stiglitz J E. Income Contingent Loans: Theory, Practice and Prospects[M]. London: Palgrave Macmillan, 2014: 1-30.

[2] 郑秉文. 建立社会保障"长效机制"的12点思考——国际比较的角度[J]. 管理世界, 2005 (10): 58-66.

[3] 这里的"消费"一词是从经济学的消费者效用理论角度来分析的个体"消费"的概念,而非"投资"与"消费"的相对意义上的"消费"概念。

自动扣款即可。对于确实无钱还款者则只能缓收,对此本研究后面还会详述。但在财政会计上,这部分不应被计入逾期还款。所以需要应对的仅仅是有钱而不还者。但除去上两种,这部分其实不多。对于这个问题,只要逾期贷款管理制度规定齐全,即使短期间无法找到逾期借贷人,最终仍然可以顺利回收贷款。因此,相应的核心是逾期借贷人的信息收集和跟踪问题。随着国家税收和金融制度的健全化,个人征信系统的持续完善,在不断发展的大数据技术、人工智能和相关技术的硬件支撑下,在逾期借贷人的信息收集和跟踪上,已经不存在任何实际问题,相关成本也微乎其微。

## 三、最佳运行形态

由政府主导的助学贷款是一个极为复杂的宏观制度体系,该体系可能包含多个不同的助学贷款的具体形式,而且该制度体系由多个不同的下位部分构成。不同形式的助学贷款的组成部分及其运行形态的特征可能也多种多样,但是,不管哪种形式的助学贷款,其运行形态的基本性质均可以从资金筹措、资金发放和资金回收三个构成部分来观察与分析。[①]

### (一) 资金筹措

资金筹措的最佳形态是保障资金来源中的政府资金与市场资金的动态平衡,不过,二者平衡不是规模上的对半分。一般而言,具有不同程度的市场性质的资金应占据主导地位。动态平衡是二者所占比例随外界条件不同而灵活变化,政府财政状况是最重要的外界条件。

政府的助学贷款应包括本金、利息补助和整个体系尤其是回收管理的费用三部分。体系管理费用是否存在,必须通过与其他大学生资助体系的管理费用相比才能知道。而且,如果助学贷款由独立机构运行,在假定该机构运行效率不低于其他社会公共机构的平均效率的前提下,作为公共事业的一部分,该独立机构的

---

① 徐国兴.日本国家助学贷款制度嬗变:1943—2010[M].上海:上海三联书店,2017:1-30.

存在无疑客观上提供了大量的就业机会。所以,本研究暂不讨论这部分管理费用的筹措。利息补贴是助学贷款低于市场利息以及在学免息的部分,在生涯收入平滑理论的框架里,助学贷款的利息补助和本金最终均由个人还款来负担,两部分的性质并没有任何差异。所以,本研究的资金指这两部分资金的总和。尽管大部分国家的利息补助均由公共财政支出来负担,但实际上这样做完全没有任何必要。

如果按照生涯收入平滑理论设计的助学贷款能够完全实现独立运行,那么其所需资金本质上就仅仅是一个周转资金而已。在体系正常运行且规模不扩大的前提下,周转资金只需考虑第一笔资金筹措。由于助学贷款从发放第一笔借贷开始至最终完全收回持续很长时间,而且每年均有大量学生需要贷款,所以,助学贷款所需第一笔周转资金的流量十分巨大。与此同时,保持资助规模不变是非现实的设想。一方面,由于存在永久性的逾期还款,这部分需要及时补充;另一方面,随着高等教育迅速普及化,大学生助学贷款需求急剧增加,周转资金短期增量要求巨大。总之,助学贷款长期运行需要增加巨量的周转资金。这会让行政效率较低的国家政府不堪重负,远不如能够让政府得过且过的奖助学金体系。

从政府的角度来看,助学贷款的资金筹措有两种方式:拨款筹措和借款筹措。拨款筹措是很多国家的现实,但并不符合理论或本质要求。所以,当前发展趋势是借款筹措的比例越来越多。借款筹措有两种形式:政府借款和市场借款。比较而言,市场借款比例越来越多。只要是借款,自然就必须支付相应的利息。利息率有三个影响因素,理论上,这个利率应该根据人力资本的回报率来决定,实际上,一般参照金融市场的借贷利率来决定,其中,政府借款的利率低于市场借款的利率。另外,相关社会舆论是最重要的影响因素。所以,该利率一般较低。较低利率会严重影响资金筹措,这不能不说是助学贷款资金长期不足的根本原因。如果助学贷款资金不足,就无法发挥其资助覆盖面大的客观功能。

(二)资金发放

资金发放的最佳形态是在发放标准设计中兼顾家庭经济状况与学业成绩两个侧面。

资金发放包括"由谁来发放"和"如何发放"两个基本侧面。"由谁来发放"这一点放在下一部分内容"(三)资金回收"的运营机构部分中分析,这里仅分析"如何发放"这一点。"如何发放"的核心是按照什么标准来发放,即决定谁是最合格的受资助者,发放标准主要有家庭经济和学业成绩两个维度。资金发放是助学贷款研究中迄今为止最被忽视的一部分。

一般而言,助学贷款强调受资助者的家庭经济困难。但是,理论上,家庭经济困难未必是必要条件。从人力资本和生涯收入平滑相结合的理论视点来看,全员而且全部满足应该是大学生经济资助体系建设的终极目标。而且,在实际操作中,运营机构要准确定某位大学生的家庭经济困难程度如何也非常困难。为此,资助在多大程度上考虑家庭经济困难实际取决于政府资金的充裕度。原则上,在资金许可范围内,尽量让所有需要资助的大学生均能够获得相应的经济资助。与此同时,由于放宽了对家庭经济困难的审核,所以体现政府补贴力度的助学贷款的利息补贴就不能太高,否则会形成不当利用助学贷款的经济诱因。在基本的制度设计上,理论上,助学贷款利率应该高于市场贷款利率而低于高等教育回报率。但实际上从未有过高于市场的助学贷款利率。另外,还需要结合考虑其他因素,比如学业成绩等。

助学贷款应该一定程度地重视受资助者的学业成绩。整体上,学业成绩标准主要有两个,没有违法违纪记录和没有"挂科"记录。"奖优"即根据平均学分绩点(GPA)等传统学业成绩从上往下选拔受资助者,"奖优"不应成为助学贷款发放的成绩要求。助学贷款的学业成绩标准应该是现在学习是否努力和将来是否优秀,当前学习努力的程度要求是学业达标即没有"挂科"就可以了。目前尚没有有效方法来决定谁将来会比较优秀,当前的"绩优"不是未来优秀的最可靠指标。在助学贷款制度体系里,未来的经济回报才是未来优秀的最可靠指标。收入高可以提前还款,提前还款可以获得利息免还以及尾款免除。总之,制度已经包含奖优。

家庭经济和学业成绩的标准应该分阶梯并组合使用。如何组合主要取决于助学贷款的资助力度,二者分别大致设定四个阶梯。在学业标准上,四个阶梯分别是：按照课程修业要求完成课堂出席，达到基本标准（不"挂科"），达到较高标准和达到优秀标准。在家庭经济上，四个阶梯分别是：不需要任何家庭经济条件，家庭经济困难（政府线），家庭经济比较困难（据实核实），家庭经济特别困难（据实核实）。一般要求是，学习达标但家庭经济标准相对模糊。至于实际上究竟如何组合，受到时代变化和宏观政策的影响较多。

（三）资金回收

资金回收的最佳形态是有机结合了长期回收和短期回收的基本原则。

长期以来，资金回收是助学贷款制度体系中最受研究者重视的部分。但实际上，相关研究的成果并不完善和系统。这主要是因为，研究者常常借鉴商业贷款的思维去分析助学贷款。商业贷款是典型的抵押贷款，而理想的助学贷款是典型的收入联动型助学贷款。资金回收的关键部分包括利率设定、回收周期、运营机构选择和逾期还款管理四个侧面。

比较而言，利率设定最容易为研究者忽视。一般认为，在学期间免息，尽管理论上并不应该如此。研究者对利率的讨论几乎均是从毕业后开始有收入时算起，本研究也采用此说。助学贷款的利率有象征性和实质性之分，象征性利率仍然把助学贷款看作一种社会福利制度。本研究对此不予讨论，而专注实质性利率的设计原则。一般认为助学贷款应该比市场利率稍低一些，但这不是助学贷款的本质要求，而是照顾社会情绪的结果。助学贷款利率设定有两种基本思维：第一种，根据资金筹措的成本来设计利率，资金筹措的成本是借款利息率，如果是发行债券筹资，这可以根据债券利息计算出来；第二种，根据人力资本回报的分成比例来确定。第二种利率可能要高一些，实际设定需要根据政策的强调重点来设计。利率过高会打击大学生贷款的积极性，利率过低则会打击投资者参与助学贷款的积极性。

在理想状态下，回收周期自然越长越好。一般确定在 20—25 年左右。回收周期与回收额占大学生毕业后的工资收入百分比密切相关。研究者大都认为，回收额占收入的百分比平均低于 10％ 为佳。但是，这是针对标准毕业生而言的，实际上还存在很多非标准毕业生。所谓标准毕业生就是按时毕业，并顺利找到工作,工作中按部就班晋升的那部分人。但还有"过于不成功"和"过于成功"的两类人。"过于不成功"者可能具有如下之一或几个特征:毕业后没有立即找到工作,这时候就需要设计毕业后无业还款豁免;在工作过程中,天灾人祸造成的收入突然且大幅减少,这时候就需要还款缓收或减免;在接近还款结束时,借款还没有还完,这时候就需要不同程度的终身豁免。"过于成功"的人指毕业后找到好工作,而且晋升特别顺利,优秀毕业生提前还款奖励就是针对这部分毕业生。提前还款本身已经蕴含着奖励,因为提前还款只归还本金而不归还利息,还款达到一定程度后还实行还款总额减免。对于助学贷款制度来说,这部分"过于成功"者越多越好,助学贷款制度设计也是为了让这部分人多起来。但是,在今后的相当长的时期内,肯定是"过于不成功"者越来越多。

运营机构是负责筹措、发放和回收管理的贷款运行机构。这些机构既可以是高校,也可以是政府或独立机构,既可以将发放和回收统一为一个运营机构,也可以分为两个运营机构。作为教学和科研单位,高校不是理想的运营机构,这是因为,助学贷款的有关业务属于长期事业和金融事业,相关事务非常繁杂。政府的教育管理部门、社保部门和税收部门能够承担这个业务,但这取决于助学贷款制度的传统和资金来源。最理想的运营机构是第三方独立机构,第三方独立机构泛指高校和政府之外的具有独立法人资格的社会机构,它主要包括专门的助学贷款管理机构和商业银行。专门的助学贷款管理机构往往是由政府设立的非营利的管理机构,商业银行负责助学贷款经营一般是因为政府与商业银行合作进行助学贷款。过去一般认为商业银行缺乏经营助学贷款的强烈动机,现在看来未必如此。

在直观想象中,助学贷款面临的最大难题是如何处理大量逾期还款。但是,这个有关助学贷款逾期还款的认识要改变。第一,助学贷款逾期还款规模并非如此大规模。系统比较助学贷款与其他形式贷款之间的不良负债率之后,可能就会发现,发达国家的助学贷款不良负债率并不高。第二,高校毕业生是社会上综合素质相对较高的一个群体,有钱不愿意还的仍然是少数。第三,对于有钱不愿意还的这一小部分人,只要助学贷款逾期的罚则清晰则可无任何忧虑,俗话说"跑了和尚跑不掉庙"。比较而言,人力资本的自然流动性相对较差,[①]只要作为载体的个体存在,其附属的财产自然客观存在。第四,如果查明负债者无甚财产,则拖欠的性质自然发生本质变化,那就肯定不是有钱不还,而是缺乏还款能力。这就意味着人力资本投资没有获得相应的经济回报,这时候的还款责任理应主要由政府承担。总之,在根据人力资本投资理论设计的助学贷款体系中,逾期还款不应成为需要讨论的核心问题。

资金筹措、资金发放和资金回收之间存在密切的本质联系。政府色彩浓厚的资金来源在发放时比较强调家庭经济困难标准,同时规定的最长回收周期相对较长。与此相比,市场色彩浓厚的资金来源在发放时比较强调学业成绩标准,同时规定的最长回收周期相对较短。

## 第二节　政策的现实

在发达国家中,面向大学生的助学贷款存在多种形式,[②]不仅不同国家不同,即使在同一个国家也存在不同的形式。比如,既有政府主导的助学贷款,也有商业机构主导的助学贷款。即使政府主导的助学贷款的形式也多样化,比如,以美国为例,既有州政府负责的助学贷款,也有联邦政府负责的助学贷款,但以联邦政府的助学贷款为主体。[③] 本研究的中心是中央政府的助学贷款,这是因为,只有中央政府主导的制度才是完全意义上的国家助学贷款。

各个发达国家实行的政府助学贷款与人力资本理论的理念之间存在多大

① ［美］加利・贝克尔.人力资本理论:关于教育的理论和实证分析[M].郭虹,等,译.北京:中信出版社,2007:13-34.
② 冯涛.按收入比例还款型助学贷款的国际比较及中国的未来选择方案[J].中国高教研究,2018(3):74-79; Krzysztof Czarnecki, Tomas Korpi, Kenneth Nelson. Student Support and Tuition Fee Systems in Comparative Perspective[J], Studies in Higher Education,2020,45(1):1-16.
③ 杨克瑞.战后美国联邦政府大学生资助政策研究[M].北京:北京师范大学出版社,2008:19-47.

差距？如果差距明显存在，背后原因为何？目前，世界上存在两大类型的政府助学贷款：收入联动型和抵押担保型。其中，与理念最接近的形态是前者；而后者历史悠久，与住房贷款等没有本质区别。所以，本研究把前者称为理念型，后者称为传统型。在当前的世界上，采取典型的收入联动型助学贷款的国家是澳大利亚，采取典型的担保型助学贷款的国家是日本。[①] 为此，以下就从发展史、资金的筹措、发放和回收四个角度比较两国制度，以说明两种制度的同异。

## 一、收入联动型助学贷款

澳大利亚的政府助学贷款是世界上最典型的收入联动型助学贷款。可以说，它是完全按照上述的大学生经济资助理念设计出的助学贷款制度，它对世界各国的政府助学贷款的发展影响巨大。但是，由于各种主客观因素的影响，它的制度的具体规定与上述的资助理念也不完全相同。而且，在 30 年发展过程中，不同侧面也时有不同程度的明显变化。

（一）发展简史

作为英联邦国家，传统上，与英国近似，澳大利长期采取免费加奖助学金的制度。但是，在 20 世纪后半期，随着高等教育规模的不断扩张，大学生资助的财政支出成为联邦政府的沉重负担。这反过来制约着高等教育规模的进一步发展。为此，澳大利亚不得不改革。

联邦政府于 1988 年颁布法律，规定于 1989 年开始，对大学生资助进行彻底改革，导入收入联动型助学贷款。在国家层面上导入收入联动型助学贷款是人类历

---

① 研究者在进行助学贷款的国际比较时，往往首先关注美国制度的现实特征和借鉴意义。但是，与澳大利亚和日本相比，美国制度具有以下明显的特征。第一，美国的联邦助学贷款的发展相对而言是一个自然过程。第二，它是在被动地适应升学需要时，对传统的抵押贷款的简单的借用和移植。第三，美国的助学贷款制度体系相对比较复杂，它既有政府助学贷款，也有商业性助学贷款。而且，助学贷款之外，奖助学金也是重要的政府资助的手段。基于此，从分析便利性出发，本研究并未把美国作为典型进行分析。

史上第一次。① 迄今为止，除去规模扩张和利率上升之外，其制度框架基本没有改变过。具体规定如下。②

第一，根据宏观劳动力市场调查的结果，决定不同专业毕业生就业的经济前景。第二，根据就业前景的好与坏，把高校的本科专业的学费分为高低不同的几类。第三，符合条件的经济困难大学生的学费基本不需要个人掏腰包，由联邦政府以助学贷款方式支付。第四，大学生毕业并就业后，由税务部门从其劳动收入即工资中按一定比例直接扣除。

（二）资金筹措

在澳大利亚的收入联动型助学贷款中，所需资金完全来自政府财政拨款，来自政府的资金可以反复利用。保障助学贷款资金流的关键是顺利进行第一笔资金的筹措，第一笔资金由联邦政府的财政拨款来支付。联邦政府根据相关法律的规定，在财政年度之初，把助学贷款所需的款项放入特定的政府财政账户之中。

（三）资金发放

澳大利亚的收入联动型助学贷款的资金完全根据受资助者的家庭经济收入情况来发放。申请政府资助的大学生的家庭经济收入情况根据社会福利部门收集到的家庭收入和税收信息来决定，这样就不会产生任何虚假信息的问题。当然，根据正式的家庭经济收入状况来发放也不完全符合大学生资助的理念。首先，税收和家庭经济状况登记等正式信息不能完全反映大学生对政府经济资助的需求状况。其次，在现代社会里，虽然不属于家庭经济困难群体，但是愿意体会独立生活，自筹学费的大学生的比例越来越多，这本来也是高等教育发挥育人功能的有效途径之一。但是，由于助学贷款的资金来源于政府财政，客观上自然受到

① Chapman B, Higgins T, Stiglitz J E. Income Contingent Loans: Theory, Practice and Prospects[M]. London: Palgrave Macmillan, 2014: 1 - 30.

② The Department of Education, Skills and Employment Australia. HELP loans[EB/OL]. [2021 - 08 - 03]. https://www.studyassist.gov.au/help-loans.根据上述网页资料，笔者整理而成。

很大的限制,实际上不能无限制地发放。所以,助学贷款的最理想的资金来源可能并非财政拨款。

助学贷款根据资金的指定用途分为四种类型:HECS‐HELP、FEE‐HELP、SA‐HELP 和 OS‐HELP。前两种用于支付学费,SA 用于支付食宿费等高校的设施设备使用费,OS 用于支付海外留学费用。HECS‐HELP 和 FEE‐HELP 的经济性质的主要区别有以下两点:前者对受资助者的家庭经济要求比较高,后者对受资助者的学业成绩要求比较高。接受 FEE‐HELP 的大学生如果注册于非大学型的高校里,则各门课程的通过率必须在 50% 以上。除此之外,二者性质基本相同。一般而言,不符合前者要求的大学生才去申请后者。

与社保类似,每位受资助大学生均有单独的助学贷款账户。该账户终生不变,便于个人对助学贷款的余额进行管理。对此,在以下“(四)资金回收”部分还会详细分析。允许大学生同时使用多个助学贷款,政府仅仅设定个人的助学贷款账户的账户总金额上限。现在,个人贷款总额分为两类:医学类专业 15 万澳元左右,其他专业类 10 万澳元左右。

(四)资金回收

由于助学贷款的资金来源是政府财政,所以利率为零或者非常低。在利率为零时,学费实质上就等于是毕业税。但是,年利率一直在缓慢增长,目前,已经由最初的 2% 上升到了 4%。助学贷款由税务部门负责回收,这样做几乎就不需要另外负担资金回收的运营成本。[①] 贷款回收额占同期收入的比例相对比较低,尽量不让还款给毕业生的日常生活带来经济上的不便。相应地,规定的还款周期特别长,超过最长期限仍未归还的部分免于还款。

澳大利亚助学贷款的一个显著特点是助学贷款在个体一生中可以循环利用。比如,如果某借款人在 t 年顶格借款,那么他当年就不能再使用助学贷款。但是,如果借款人在 t+1 年归还了全部或部分助学贷款,在此之后,他就仍然可以继续

---

① 经营助学贷款回收业务自然增加了税务部门的绝对的工作量。由于业务增加而给税务部门带来的绝对成本量增加也是明显存在的。但是,如果要从理论上评价业务增加是否带来费用负担增加,还首先需要评价税务部门的边际工作量和边际工作效益。

贷款。即使大学毕业后,他在工作中想使用助学贷款支付接受职业培训的费用,也是完全可以的。当然,这时候需要使用职业教育的贷款,而非高等教育助学贷款。不过,贷款总额仍然不能超过上述的上限。

## 二、抵押担保型助学贷款

日本的政府助学贷款是典型的抵押担保型助学贷款,[①]抵押担保型助学贷款历史悠久。美国的联邦助学贷款均是抵押型,尽管它后来也逐渐吸收了收入联动型助学贷款的一些思维。不过,美国的联邦助学贷款并非政府主动设计而成,而是为了应对不断升高的客观需要和社会舆情,模仿当时的住房贷款,仓促设立的大学生助学贷款制度。因此,日本的政府助学贷款是世界上第一个完全根据理念设计出来的抵押担保型大学生助学贷款制度,尽管有西方研究者认为爱尔兰的助学贷款制度是人类历史上第一个人工设计的同类制度。[②]

### (一)发展简史

日本的国家助学贷款体系的建设从1943年开始。依据历史的关键节点,近80年的助学贷款制度发展可以分成四个阶段,分别是确立时期(1943—1983年)、发展时期(1984—2003年)、成熟时期(2004—2010年)和改革时期(2011年至今)。

### (二)资金筹措

当前,日本助学贷款资金主要由政府资金和市场资金两部分构成。但是,政府资金不是财政拨款,而是指政府财政借款。所谓财政借款,顾名思义将来还需要归还给政府,不过无息。市场资金包括政府财政贷款和机构债权收入,这样的资金构成是在长期发展过程中逐渐形成的。政府财政借款始于1945年,政府财

---

① 本节的日本部分是对拙著(徐国兴.日本国家助学贷款制度的嬗变:1943—2010[M].上海:上海三联书店,2017)的相关章节的总结与概括。

② Chapman B, Doan D. Introduction to the Special Issue "Higher Education Financing: Student Loans"[J]. Economics of Education Review, 2019,71(1): 1-6.

政贷款始于1884年,机构发放债券收入始于2001年。在不同时期,不同资金来源在资金总体中所占的比例也稍有不同。现在,政府财政借款约占20%,政府财政贷款约占70%,机构债券收入约占10%。

日本助学贷款的资金筹措有三个基本特征:第一,以市场资金为主,政府资金为辅。该机制有利于大规模筹措资金,满足不断扩大的大学生资助需求。第二,市场资金筹措以政府内部的投资性资金为主。这类市场资金也具有非市场的特殊性,能够较好地规避金融市场筹资的巨大风险和保证资金供给的长期稳定性。第三,中央政府充分发挥了主导作用。

日本经验表明,政府财政困难不是制约大学生助学贷款发展的根本因素。在现实社会中,随着投资资本多元化和资金流动性的不断增强,可替代性资金来源非常之多,尤其是市场资金的形式非常多样。总之,现代助学贷款制度体系中筹资侧面的成功的关键就在于,中央政府是否充分认识到大学生资助在现代社会发展中的重要性,并发挥积极主动性。

(三)资金发放

在日本助学贷款中,贷款申请者的家庭收入和学业成绩始终是发放的重要标准,二者关系随时代而明显变化。第一,从1943年至1957年,二者具有实质上的统一性。第二,从1958年至1983年,二者对立明显。第三,从1984年至今,二者之间逐渐统一,并达到高度统一状态。这是经济高速发展、高等教育普及化和助学贷款规模扩大的共同结果。

当前资金发放标准的主要特征是:第一,家庭收入标准和学习成绩标准同时成为大学生获得助学贷款的重要依据。标准越来越具体化,就使得资金发放具有了高度可操作性。第二,获资助者必须同时符合两个标准的基本要求,即家庭收入相对要低的同时学习成绩却相对要好,这体现了公平和效率的有机统一。第三,明确规定了资助额与二者之间的互动关系。在其他条件类似时,对于成绩较好的学生,贷款优惠额大一些,同时对家庭收入要求低一些。

这是日本助学贷款发放标准与其他发达国家明显不同之处,两个标准同时重视但程度不同且时有变化。这体现了后发追赶型国家的助学贷款体系发展特性的客观必然性。① 不过,需要说明的一点是,为了应对社会各界的舆论压力,日本中央政府近期开始设立并逐步扩大国家奖学金制度。这表明了大学生资助制度体系发展的影响因素的多重性和复杂性。

（四）资金回收

与资金的筹措和发放相比,日本助学贷款资金回收的阶段变化不甚明显,这是因为它自始至终强调长期回收。不过,在 1991 年至 2010 年间,日本中央政府一度把追求行政效率作为政府改革目标。这个改革直接影响到助学贷款的建设思路,致使其曾强化短期回收。

日本资金回收的特征如下：第一,坚持长期归还原则,助学贷款的基本目的是资助贫困大学生顺利完成学业。其基本理念是让借款者依靠所接受的高等教育来脱贫致富,然后从自己的劳动收入中拿出一部分来归还贷款。高等教育的经济回报具有长期性,因此贷款归还周期也必然越长越好。仅仅从这一原则而言,日本国家助学贷款与理念型助学贷款完全一致。第二,综合采取多种措施,促使短期归还的规模最大化。第三,采取助学还款的延期、展期、减额和豁免等多种措施,尽可能让归还时期和数额基本与贷款者收入变化同步。第四,充分考虑个人高等教育就学的社会收益,根据不同程度的条件,适当免除还款义务。这里还需要说明的一点是,实际上,日本政府对助学贷款拖欠治理的政治态度长期比较温和。

日本资金回收的经验值得思考。首先,针对不同情况采用不同催欠方式,还款拖欠的原因不能一概而论,大学生贷款拖欠并非仅是有钱不还。故意拖欠者固然存在,但因经济负担能力或其他原因无法还债者也不在少数,接受高等教育不会立即让所有贫困学生在短短几年内脱贫致富。其次,彻底贯彻按收入比例还款的思想。从运实际效果看,这不会引起还款拖欠率升高。长期以来,日本一直是世界上助学贷款还款拖欠率相对较低的国家之一。

---

① 与先进发达国家相比,后发追赶型国家在制度体系建设上的特殊性集中体现在,财政状况相对恶劣但在政策目标上又必须尽可能向先进发达国家看齐。因此,即使在以公平为核心指向的相关政策中,也往往会体现出优先从经济效率的角度考虑问题解决方法的突出表征。

# 第三节 政策的展望

在上述对现状特征把握的基础上,本节试图在国际比较的背景与框架之下,归纳助学贷款的发展趋势,并从趋势归纳出发,展望政策选择的可能性。主要内容分为:世界发展的趋势与展望以及世界语境中的中国发展的趋势与展望。对世界发展趋势和展望的归纳总结主要依据并不仅限于上述两个国家的制度体系。具体的分析程序均沿着三个逐渐递进与扩展的层次展开:助学贷款的三个主要侧面,助学贷款在经济资助体系中的地位以及整个经济资助体系的特征,经济资助体系在综合支持体系中的地位以及整个综合支持体系的特征。

## 一、世界发展的趋势与展望

在归纳世界发展趋势和展望其未来时,首先需要理解相关理念的发展与变化,因为这些理念是认识世界大学生资助制度体系发展变化的理论基础。相关理念变化又与外部的宏观环境变化密切相关。长期以来,外部的政治经济社会环境的世界性变化主要有两点特征:宏观经济持续向好发展,尽管时有曲折回旋,但经济发展状况整体上达到人类历史前所未有的最高水平;[①]与此同时,高等教育制度的整体规模持续而快速地增长,发达国家大都进入了普及化阶段并继续发展。[②] 这意味着只要个体足够努力,均可以成为某种类型和层次的大学生,并获得一定程度的学业成功。社会经济和高等教育同时并高速发展促使理论研究者从不同角度对高等教育公平深入思考,并引发了相关理念上的明显变化:第一,对传

---

① 杨长湧,刘栩畅,陈大鹏,等.百年未有大变局下的世界经济中长期走势[J].宏观经济研究,2020(8):5-14.
② 高文豪,崔盛.普及化阶段高等教育层次结构调整的国际借鉴[J].大学教育科学,2021(1):111-119.

统观念的怀疑。长期以来,研究者相信个人能力及其社会效用的客观差异。尽管如此,不同社会阶层的天生潜能是否真正存在明显差异?[1] 即使差异存在,其是否真正制约学习?与传统有所不同,研究者对此的理论疑问越来越多。第二,与高等教育世俗化发展相适应,强调高等教育的经济功能。[2] 具体到本研究,就是强调高等教育就学在个体"上升流动"中的工具功能。第三,重视高等教育的过程质量,[3]高度强调高等教育对个体人力资本增值的促进。[4] 在多种因素的共同影响下,主要发达国家的相关制度发展趋势呈现出明显的变化。主要体现如下。

在整体上,越来越强调高等教育就学行为的个体收益。这样一来,从费用与收益的比较的角度来看,主要的费用负担者就应该是求学者个体及其家庭。[5] 但是,各级政府负有帮助资金筹措能力相对较弱个体的责任与义务。与此同时,尤其强调对一些具有显著独特性的个体的大力资助。其中,一方面是经济特别困难者,另一方面是学业特别优秀者。

政府注重助学贷款制度体系的不断完善。[6] 在如何发展助学贷款体系的基本方针上,以人力资本理论和生涯收入平滑理论的结合作为核心的理论基础,强调建设收入联动导向的助学贷款体系。通过综合使用助学贷款的各种不同形式对

---

① ［法］皮埃尔·布尔迪厄,［法］J.- C. 帕斯隆.继承人——大学生与文化[M].邢克超,译.北京：商务印书馆,2021：99.

② Cleary J L, Kerrigan M R, Noy M V. Towards a New Understanding of Labor Market Alignment[M]// Higher Education：Handbook of Theory and Research. Berlin：Springer, 2017：577 - 629.

③ 刘振天.论"过程主导"的高等教育质量观[J].北京大学教育评论,2013(3)：171 - 180.

④ 但是,不可否认,与此同时,批评高等教育明显缺乏提升受教育者实际能力的功能的观点也越来越多(具体参见 Arum R, Roksa J. Aspiring Adults Adrift：Tentative Transitions of College Graduates[M]. Chicago：University of Chicago Press. 2014)。

⑤ 高等教育费用中的"费用"一词具有多义性。这里,至少需要区分作为社会公共事业的高等教育的费用和作为个人升学所需要的高等教育费用的不同。本研究的高等教育费用仅仅指后者。前者需要政府负担一定比例自然毫无争议。关键的理论争议在于,政府究竟负担多大比例才比较合适。如本章开头部分所述,后者需要政府负担则存在明显的理论争议。因此,理论分析必须从假设个人全部负担这部分的高等教育费用开始。然后,在此基础上,分析在不同条件下,政府对求学者资助多少和如何资助才能取得高等教育的个人收益、公共收益和社会收益的最大化。

⑥ 曲垠姣,岳昌君,曲绍卫.大学生资助政策发展脉络及特色[J].中国高等教育,2019(7)：28 - 30.

大学生进行经济资助,不断校正政府在体系建设中的功能定位,以强化政府在助学贷款体系建设中的主导和主体功能。

强调把助学贷款和其他经济资助形式有机结合起来。[①] 针对助学贷款的固有弱点,一方面注重助学贷款体系的自我改良,另一方面适当采取其他经济资助形式来弥补其不足。其他资助形式主要是奖助学金,但是,奖助学金的主要功能是强化对家庭经济困难的优秀人才的学习引导,[②]而非实质性地提升经济资助力度或仅仅针对学业成绩优秀。

强调把经济资助体系完善与综合支持体系建设有机结合起来。[③] 如果没有高等教育过程质量的提升,就不会有个体通过接受高等教育而获得人力资本增值的实际发生。而且,在高等教育普及化阶段,社会不再强烈需要高等教育发挥对个体能力的信号作用。那么,在这种情况下,如果高等教育没有明显的教育作用,则社会上升流动客观上无法出现。因此,只有与综合支持体系建设相结合,以学业扶助为核心,经济资助才能发挥其应有功能。

## 二、我国发展的趋势与展望

与世界主要国家的发展趋势和各国的政策选择相比,我国的基本情况同中有异。

在整体上,包括经济资助在内的大学生综合支持体系发展相对较快。这样的基本特征是两方面的主要因素共同影响的客观结果。一方面,这是因为,我国基于后发追赶型国家的内在规定性,社会、经济和教育的发展速度均远高于发达国家的平均水平。另一方面,这是因为,长期以来,我国政府的扶贫政策实施以及大学生资助体系建设的力度均较大。

①  曲绍卫,范晓婷,曲垠姣.高校大学生资助管理绩效评估研究——基于中央直属 120 所高校的实证分析.教育研究,2015(8):42-48.
②  Toutkoushian R K, Paulsen M B. Economics of Higher Education[M]. Berlin: Springer, 2016: 371-387.
③  徐国兴.大学生资助体系完善策略探析[J].教育发展研究,2018(1):14-18,68.

助学贷款体系发展呈现明显的稳中求变的特征。在助学贷款制度建设上，与21世纪初相比，当前的整个体系的基本特征没有明显变化。首先，整体仍然具有典型的担保型助学贷款的特征。[①] 其次，在资金的筹措、发放与回收三个构成部分上，也体现出了一定的较为稳定的特殊性。具体而言，在资金筹措上，来自商业银行的贷款是资金来源的主体。这就客观上导致了助学贷款规模扩大缓慢，使其无法迅速成为大学生资助制度体系的主体部分。在发放标准上，基本标准是"家庭经济困难"。在2007年，中央政府颁布政策细化了大学生"家庭经济困难"认定程序，但没有明确"家庭经济困难"的具体内涵。[②] 由于标准缺乏明确的规定性，各具体高校在实际认定过程中就体现出较大的随意性。[③] 而且，学业成绩标准略显空白。这使得精准资助的成色不足，可能会影响政策实施的最终效果。由于基本形式是担保型贷款，最初设定的回收周期就相对较短。不过，在最近的相关政策中，回收周期逐渐延长，最长已经延长为25年。总之，体系中开始体现了按收入比例还款的思想。

在大学生经济资助体系上，整体制度体系逐步完善而且具有明显的独特性。独特性体现在以下三个方面：第一，设有绝对保障入学的"绿色通道"制度，[④] 这一

①　我国的国家助学贷款的担保目前采取个人信用担保的形式，其实质是政府担保。这一点与上述的日本国家助学贷款制度的担保完全不同，但与美国联邦助学贷款的部分项目的担保类似。

②　教育部，财政部.教育部财政部关于认真做好高等学校家庭经济困难学生认定工作的指导意见(教财[2007]8号)[EB/OL].[2021-08-04]. http://www.xszz.cee.edu.cn/index.php/shows/10/1248.html.

③　对这一点，全面和准确评价并非易事。我国的大学生资助政策往往停留在比较抽象的基本原则上。这背后有多重的原因。主要原因是：第一，文化传统影响。长期以来，我国政府的官方文书均以抽象和强调原则的基本风格为主。第二，中央集权制的决策体制的客观影响。最高层的决策文件只能停留在一般原则上，否则，政策文件在比照多样化的具体实践时自身将失去内在逻辑的自洽性。换句话说，正因为其抽象才可能在面对不同具体条件和变化形势时具有几乎同样的政策效力，最大化维护中央集权的正统性。第三，整个国家的地理空间和人口规模巨大，各地条件千差万别，中央政策客观上无法包罗万象。政策偏重抽象原则正好为各地和各高校在具体实施中发挥主动性留下了较大的空间。

④　全国学生资助管理中心.普通高等教育学生资助政策[EB/OL].(2021-05-20)[2021-08-04]. http://www.xszz.cee.edu.cn/index.php/shows/109/4183.html.

制度规定最能体现我国大学生经济资助体系政策设计的创造性。① 第二,从制度体系确立伊始,我国大学生经济资助的形式就极为多样化。而且,不同形式能够随形势需要而较为灵活地变化。总之,在国家层次上,整个大学生资助体系逐步完善。② 第三,与助学贷款相比,更重视奖助学金等直接资助形式的大量使用,这一点也体现了我国大学生经济资助体系的独特性。当然,这与制度建立之初的征信系统薄弱有密切关系。因此可以说,这样做本来属于不得已而为之。不过,由于同期经济高速增长,奖助学金规模的大幅扩张并未给各级政府带来明显的财政负担。③

在大学生综合支持体系上,制度建设的进展同样异常迅速。这体现在以下两个方面:第一,从单纯强调大学生经济资助向强调在大学生经济资助基础上的综合支持体系建设转变。不过,不同学校之间的校际差异较大,少数研究水平较高的一流高校的综合支持体系建设进展显著,仅就这一方面而言,其与世界一流高校已经相差无几。第二,在综合支持体系建设中,开始注重促进学习质量的提升,并尝试以构建学习质量保障体系为核心。但是,不得不强调的一点是,综合支持体系建设必须以大学生经济资助体系完善为基础,这一点为我国发展道路的特殊性所决定。在其他发达国家里,从大学生经济资助建设到综合支持体系建设,其间存在较长的转型过程。而在我国,前者确立及其向后者转变都发生在相对极短的时间段里。因此,如果不能准确把握二者关系,就有可能在制度建设中顾此失彼。

总之,从现实出发,对比一般理念和世界趋势,制度建设任重道远。今后改革

---

① 这类措施有时候会催生少量的搭便车者。多所高校的调查表明,钻政策空子,先入学而后拒付费的个体确实存在。因此,这些普益性措施必须与完善的资格认定相配套。

② 曲垠姣,岳昌君,曲绍卫.大学生资助政策发展脉络及特色[J].中国高等教育,2019(7):28-30.

③ 客观评价我国奖助学金制度发展的成功经验具有重要的理论意义。这些经验表明,在很多时候,理论不可行性与现实不可行性并不高度一致。但不能因此而断言理论研究不重要或者现实政策的基本方向有误。另一方面,我国经济长期而高速的发展是人类发展史上的一大奇迹。因此,研究者不能寄希望于经济发展永远保持同样的速度,必须把理论分析置于经济周期性发展的基本规律之上。

的关键点如下：尽快从传统型向理念型转变,构建高效资助体系,注重宏观体系完善与重点改革试验相结合。这要求在体系完善过程中,在国家大学和重点地区中,突出问题解决对策,先试先行。当然,改革顺利进行的基本前提是相关观念的更新以及新观念在社会上的高度普及。但是,在高等教育公平这一点上,我国现有的主流认识、官方理念和大众通识未必全面和准确。比如,在扩大一流高校农村学生规模的社会意义上,被强调的政策受益者仅仅是农村学生。在完善大学生经济资助体系的重要性上,忽视了其所客观具有的多样化的综合功能。①

① 　徐国兴.大学生资助体系完善策略探析[J].教育发展研究,2018(1)：14-18,68.

◆ 第四章
# 公平机制分析

本章以高等教育收益和收益率为指标,在长期视角下综合地分析城乡高等教育不公平的表征、变化趋势、制约机制和政策手段的公平效应。首先,不局限于某一截面时间点,而是比较二者的整个生涯的高等教育收益(第一节)。其次,不单纯比较二者的高等教育收益,而尽可能把收益与费用结合起来,从收益率的角度来比较城乡差异(第二节)。第三,在高等教育费用中包括大学期间的学习辅助费用、入学前的升学准备费用和政府的大学生经济资助,力图全面把握不同性质的资助费用及政策对高等教育收益率的影响(第三节)。第四,在观察高等教育收益率的五世代延续与变化的基础上,评估高等教育公平(第四节)。

## 第一节　不同个体的高等教育收益比较

### 一、相关的基本假设

首先界定高等教育收益这个核心概念的基本内涵。对于个体升学带来的高等教育收益的内涵究竟为何以及是否能够量化观察,长期以来,学者间聚讼纷纭。[1] 本研究从经济和非经济以及市场和非市场两个角度来观察高等教育收益,焦点是其中的市场型经济收益。个体接受高等教育带来的市场型经济收益就是高等教育的边际工资收入,边际工资收入中的各种税收就是社会的经济收益,除税后的个体的可支配边际工资收入就是个体的经济收益。本研究的对象指除税后的个体的可支配边际工资收入(以下简称为工资收入)。聚焦市场型经济收益与本研究的理论目标密切相关。尽管高等教育收益多种多样,但是,对于农村居

---

[1]　McMahon W W. Higher Learning, Greater Good: The Private and Social Benefits of Higher Education[M]. Baltimore: The Johns Hopkins University Press, 2009.

民来说,客观而言,接受高等教育的首要或者说基础动机就是获得经济回报。这也与马斯洛的需要层次理论对人类行为动机的基本假设高度一致。[1] 实际上,各级政府对农村高等教育的社会功能的核心定位也是如此。在当下,这一点非常明确,社会各界对此的认识也高度一致,自然不需要任何多余的讨论。因此,为了分析城乡高等教育公平,在比较城乡高等教育收益时,自然而然就会集中于高等教育的市场型经济收益。当然,在研究中这样做绝不意味着其他类型的高等教育收益不重要。在多种主观和客观因素的影响下,现实情况可能恰恰相反。[2]

　　为了使分析简洁,设想有农村出身的三位个体 $R_1$、$R_2$ 和 $R_3$,以及城市出身的三位个体 $U_1$、$U_2$ 和 $U_3$。6 位个体均为同性,[3]并且有一个标准的生涯周期。所谓标准生涯周期,即 16 岁时顺利结束义务教育,然后立即进入高中学习;19 岁时顺利高中毕业,然后立即进入企业工作,或者进入四年制本科院校学习;[4]23 岁时顺

---

[1] Maslow A H. A Theory of Human Motivation[J]. Psychological Review.1943,50(4): 370 - 396.

[2] 其中,对高等教育收益影响的最重要的因素之一是官方意识形态对高等教育功能的正式定位。由于官方意识形态随社会、政治和经济形势的需要而经常不同程度地改变,政治意识形态对高等教育功能的定位就会随之有不同程度的必要修改。与政治意识形态的定位相比,本研究更侧重于高等教育的相对统计可见的客观功能,即,无论高等教育的当事者是否明确意识到,均客观存在的经济功能。另外,在严密的理论意义上,有些非市场、非经济或被认为不可测量的其他收益,均可以不同程度地转化为可测量的私人经济收益。比如,理论上,个人健康收益,家庭子女教育收益等均可以合理地化为经济收益。本章第四节的分析就可以认为是高等教育带来的子女教育收益的经济衡量。

[3] 传统上,男性与女性在高等教育的升学动机、投入与收益等各方面的差异明显(参见,Ying Chu Ng. Economic Development, Human Capital, and Gender Earnings Differentials in China [J]. Economics of Education Review.2004, 23: 587 - 603),而且,经典研究一般集中于同一性别,尤其是男性。在现代高等教育体系里,其他性取向的学生的数量也越来越多(参见,Matthew M J, Rockenbach A N, Bowman N A, et al. How College Affects Students(Vol. 3): 21st Century Evidence That Higher Education Works[M]. San Francisco CA: Jossey-Bass, 2016: 1 - 21)。因此,本研究论述的是一个"理想"或"抽象"的个体的性别。

[4] 在世界上的主要发达国家里,进入专科层次院校学习的大学生的规模相当大。但是,专科毕业生毕业后继续升学或短暂工作一段时间后再返回高校读书的比例也相当高。与此同时,在高等教育普及化阶段,专科升学选择和本科升学选择的教育意义和社会意义不同(参见,马丁·特罗,徐丹,连进军.从精英到大众再到普及高等教育的反思:二战后现代社会高等教育的形态与阶段[J].大学教育科学,2009(3): 5 - 24)。因此,本研究暂不涉及专科层次的高等教育的分析。

利本科毕业,然后立即进入企业工作;①不管是高中毕业生还是本科毕业生,毕业后一直服务于同一个企业,按部就班职级晋升,直至 65 岁退休。② 为了便于比较,这里假定 $R_1$ 和 $U_1$ 高中毕业后立即参加工作;$R_2$ 和 $U_2$ 高中毕业后考入普通本科院校;$R_3$ 和 $U_3$ 高中毕业后考入重点本科院校。③ 尽管完全符合该标准生涯周期的个体少之又少,但是,如果对较大样本统计汇总后就会发现,不同群体的生涯发展的不同阶段的平均值或中位值仍然接近该标准生涯周期。所以,对不同群体的标准生涯周期的收入变化和总额的比较研究具有重要的理论价值和实践意义。

　　劳动者的工资收入一般由两部分组成:职级工资和绩效工资,④学历越高越是如此。当然,在不同国家里,两部分的比例不完全相同。即使在同一个国家里,不同行业、企业和职业之间二者比例也不完全相同。同一国家的二者比例也随时代而变化。尽管个体绩效工资的年度变动较大,但是群体工资的整体统计趋势显示,绩效工资与职级工资高度正相关。所以,这里把所有工资收入都假定为职级

---

①　高校毕业生的就业去向大致可以分为三类:广义的政府部门,包括公检法和军队系统;公共事业单位,包括各种政府附属的事业单位,以及公立的大中小学校和科研机构等;各类企业。当然,其中也有交叉。比如,私立学校既是企业单位也是事业单位;国有或国营企业既是政府附属单位,也是企业。研究者经常抽象地把所有就业部门分为公共部门和私有部门两大类。其中,企业多属于私有部门。在经济生产市场化程度较高的混合经济体制中,政府对公共部门的工资设定一般随着私有部门的工资水平而比较灵敏地变化。与此同时,随着高等教育普及化的深入发展,高校的本专科毕业生越来越多地就业于私有部门。因此,本研究假设 6 位个体毕业后的去向均为私有部门的企业。

②　传统上,公职人员退休后仍然可以获得类似于工资的稳定收入,不过,这是极小规模的一部分个体。但是,随着现代社保制度的覆盖面越来越大,社会中的大部分退休人员均可以像工作期间一样,继续获得稳定的收入。因此,有些研究在计算生涯收入时,也考虑退休后的社保收入( Toutkoushian R K, Paulsen M B. Economics of Higher Education [ M ]. Berlin: Springer, 2016: 45 - 92)。

③　高校类型之外,专业类型也是影响高等教育经济回报的重要因素。但是,专业类型的经济回报对升学选择的影响因国别和时代而变化剧烈。在我国当下,重点高校几乎均采取大类招生,入校后再分流的选拔方式。相对而言,因专业类型而产生的经济回报差异对升学选择的影响就被一定程度地弱化。另外,对专业类型的经济回报差异的分析,可以采取与对高校类型经济回报差异分析相同的逻辑。因此,本研究仅考虑高校类型差异。最后,在本研究中,重点高校(或大学)和一流高校(或大学)的含义基本相同。

④　为了便于分析,这里的工资收入仅指税后的工资。这里的"税"为广义的"税",它也包括个人支付的各种社会保险费等。

工资收入,职级在一段时期内保持相对不变。根据企业性质的不同,职级周期可能会有 3 年、4 年或 5 年。为了与本科学习年限相一致,假定所有职级周期均为 4 年。一般而言,在同一职级的 4 年内,职级工资保持相对稳定。

很显然,在其他的重要条件相等或近似的情况下,个体的工资差异主要由个体的学历决定。对学历决定工资的内在机制的解释有人力资本理论和筛选理论两类,[①]但两类机制的外在表征均体现为个体重视对学校教育投资,而学校教育是个体能力的最重要指标。其结果体现在劳动力市场上即是,大学毕业生的工资收入高于高中毕业生,重点大学毕业生的工资收入高于非重点大学毕业生。个体工资差异体现在起点工资、上涨速度、高点维持周期和高点后下降速度等侧面上。为此,在调查基础上,假定 $R_1$ 和 $U_1$ 的起点工资为月薪 10 000 元,则年薪为 120 000 元。$R_2$ 和 $U_2$ 的起点工资为月薪 10 800 元,则年薪为 129 600 元。$R_3$ 和 $U_3$ 的起点工资为月薪 12 000 元,则年薪为 144 000 元。高中毕业后,$R_1$ 和 $U_1$ 的工资上涨速度为每职级升高 10%;在 39—46 岁的两级内,维持在最高点;其后每一职级下降 10%,直至退休。大学本科毕业后,$R_2$ 和 $U_2$ 的工资上涨速度为每一职级升高 20%;在 43—54 岁的三级内,维持在最高点;其后每一职级下降 6%,直至退休。大学毕本科业后,$R_3$ 和 $U_3$ 的工资上涨速度为每职级升高 25%;在 43—54 岁的三级内,维持在最高点;其后每一职级下降 2%,直至退休。

## 二、生涯工资的原始值和折现值

根据上述的诸假设,逐年计算六者的生涯工资收入。计算时,分别计算生涯工资收入的原始值和折现值,计算结果如表 4-1 所示。以下分别说明原始值和折现值的计算过程,首先,根据公式①,把各年工资收入原始值直接相加,得出生涯收入原始值。

---

① 李锋亮.教育的信息功能与生产功能:一个筛选理论实证检验方法的文献综述[J].中国劳动经济学,2006(2):153-183.

表 4-1　不同个体的生涯收入的原始值和折现值

| 年龄(岁) | 工作年限(年) | 生涯工资收入原始值(元) | | | | | | 生涯工资收入折现值(元) | | | | | |
|---|---|---|---|---|---|---|---|---|---|---|---|---|---|
| | | $R_1$ | $R_2$ | $R_3$ | $U_1$ | $U_2$ | $U_3$ | $R_1$ | $R_2$ | $R_3$ | $U_1$ | $U_2$ | $U_3$ |
| 19 | 1 | 120 000.00 | | | 120 000.00 | | | 120 000.00 | | | 120 000.00 | | |
| 20 | 2 | 120 000.00 | | | 120 000.00 | | | 117 647.06 | | | 117 647.06 | | |
| 21 | 3 | 120 000.00 | | | 120 000.00 | | | 115 340.25 | | | 115 340.25 | | |
| 22 | 4 | 120 000.00 | | | 120 000.00 | | | 113 078.68 | | | 113 078.68 | | |
| 23 | 5 | 132 000.00 | 129 600.00 | 144 000.00 | 132 000.00 | 129 600.00 | 144 000.00 | 121 947.60 | 119 730.37 | 133 033.74 | 121 947.60 | 119 730.37 | 133 033.74 |
| 24 | 6 | 132 000.00 | 129 600.00 | 144 000.00 | 132 000.00 | 129 600.00 | 144 000.00 | 119 556.47 | 117 382.71 | 130 425.24 | 119 556.47 | 117 382.71 | 130 425.24 |
| 25 | 7 | 132 000.00 | 129 600.00 | 144 000.00 | 132 000.00 | 129 600.00 | 144 000.00 | 117 212.22 | 115 081.09 | 127 867.88 | 117 212.22 | 115 081.09 | 127 867.88 |
| 26 | 8 | 132 000.00 | 129 600.00 | 144 000.00 | 132 000.00 | 129 600.00 | 144 000.00 | 114 913.94 | 112 824.60 | 125 360.67 | 114 913.94 | 112 824.60 | 125 360.67 |
| 27 | 9 | 145 200.00 | 155 520.00 | 180 000.00 | 145 200.00 | 155 520.00 | 180 000.00 | 123 926.80 | 132 734.82 | 153 628.27 | 123 926.80 | 132 734.82 | 153 628.27 |
| 28 | 10 | 145 200.00 | 155 520.00 | 180 000.00 | 145 200.00 | 155 520.00 | 180 000.00 | 121 496.86 | 130 132.18 | 150 615.95 | 121 496.86 | 130 132.18 | 150 615.95 |
| 29 | 11 | 145 200.00 | 155 520.00 | 180 000.00 | 145 200.00 | 155 520.00 | 180 000.00 | 119 114.57 | 127 580.57 | 147 662.69 | 119 114.57 | 127 580.57 | 147 662.69 |
| 30 | 12 | 145 200.00 | 155 520.00 | 180 000.00 | 145 200.00 | 155 520.00 | 180 000.00 | 116 778.99 | 125 078.99 | 144 767.35 | 116 778.99 | 125 078.99 | 144 767.35 |
| 31 | 13 | 159 720.00 | 186 624.00 | 225 000.00 | 159 720.00 | 186 624.00 | 225 000.00 | 125 938.13 | 147 151.75 | 177 410.96 | 125 938.13 | 147 151.75 | 177 410.96 |
| 32 | 14 | 159 720.00 | 186 624.00 | 225 000.00 | 159 720.00 | 186 624.00 | 225 000.00 | 123 468.75 | 144 266.42 | 173 932.32 | 123 468.75 | 144 266.42 | 173 932.32 |
| 33 | 15 | 159 720.00 | 186 624.00 | 225 000.00 | 159 720.00 | 186 624.00 | 225 000.00 | 121 047.80 | 141 437.67 | 170 521.88 | 121 047.80 | 141 437.67 | 170 521.88 |
| 34 | 16 | 159 720.00 | 186 624.00 | 225 000.00 | 159 720.00 | 186 624.00 | 225 000.00 | 118 674.31 | 138 664.38 | 167 178.31 | 118 674.31 | 138 664.38 | 167 178.31 |
| 35 | 17 | 175 692.00 | 223 948.80 | 281 250.00 | 175 692.00 | 223 948.80 | 281 250.00 | 127 982.10 | 163 134.57 | 204 875.39 | 127 982.10 | 163 134.57 | 204 875.39 |
| 36 | 18 | 175 692.00 | 223 948.80 | 281 250.00 | 175 692.00 | 223 948.80 | 281 250.00 | 125 472.65 | 159 935.85 | 200 858.22 | 125 472.65 | 159 935.85 | 200 858.22 |
| 37 | 19 | 175 692.00 | 223 948.80 | 281 250.00 | 175 692.00 | 223 948.80 | 281 250.00 | 123 012.40 | 156 799.85 | 196 919.82 | 123 012.40 | 156 799.85 | 196 919.82 |
| 38 | 20 | 175 692.00 | 223 948.80 | 281 250.00 | 175 692.00 | 223 948.80 | 281 250.00 | 120 600.39 | 153 725.34 | 193 058.65 | 120 600.39 | 153 725.34 | 193 058.65 |
| 39 | 21 | 193 261.20 | 268 738.56 | 351 562.50 | 193 261.20 | 268 738.56 | 351 562.50 | 130 059.25 | 180 853.35 | 236 591.48 | 130 059.25 | 180 853.35 | 236 591.48 |
| 40 | 22 | 193 261.20 | 268 738.56 | 351 562.50 | 193 261.20 | 268 738.56 | 351 562.50 | 127 509.07 | 177 307.20 | 231 952.44 | 127 509.07 | 177 307.20 | 231 952.44 |
| 41 | 23 | 193 261.20 | 268 738.56 | 351 562.50 | 193 261.20 | 268 738.56 | 351 562.50 | 125 008.89 | 173 830.59 | 227 404.35 | 125 008.89 | 173 830.59 | 227 404.35 |
| 42 | 24 | 193 261.20 | 268 738.56 | 351 562.50 | 193 261.20 | 268 738.56 | 351 562.50 | 122 557.73 | 170 422.15 | 222 945.44 | 122 557.73 | 170 422.15 | 222 945.44 |

续 表

| 年龄(岁) | 工作年限(年) | 生涯工资收入原始值(元) | | | | | | 生涯工资收入折现值(元) | | | | | |
|---|---|---|---|---|---|---|---|---|---|---|---|---|---|
| | | $R_1$ | $R_2$ | $R_3$ | $U_1$ | $U_2$ | $U_3$ | $R_1$ | $R_2$ | $R_3$ | $U_1$ | $U_2$ | $U_3$ |
| 43 | 25 | 193 261.20 | 322 486.27 | 439 453.13 | 193 261.20 | 322 486.27 | 439 453.13 | 120 154.64 | 200 436.64 | 273 217.45 | 120 154.64 | 200 436.64 | 273 217.45 |
| 44 | 26 | 193 261.20 | 322 486.27 | 439 453.13 | 193 261.20 | 322 486.27 | 439 453.13 | 117 798.67 | 196 555.34 | 267 860.25 | 117 798.67 | 196 555.34 | 267 860.25 |
| 45 | 27 | 193 261.20 | 322 486.27 | 439 453.13 | 193 261.20 | 322 486.27 | 439 453.13 | 115 488.89 | 192 711.12 | 262 608.08 | 115 488.89 | 192 711.12 | 262 608.08 |
| 46 | 28 | 193 261.20 | 322 486.27 | 439 453.13 | 193 261.20 | 322 486.27 | 439 453.13 | 113 224.40 | 188 932.47 | 257 458.91 | 113 224.40 | 188 932.47 | 257 458.91 |
| 47 | 29 | 173 935.08 | 322 486.27 | 439 453.13 | 173 935.08 | 322 486.27 | 439 453.13 | 99 903.88 | 185 227.91 | 252 410.69 | 99 903.88 | 185 227.91 | 252 410.69 |
| 48 | 30 | 173 935.08 | 322 486.27 | 439 453.13 | 173 935.08 | 322 486.27 | 439 453.13 | 97 944.98 | 181 595.99 | 247 461.46 | 97 944.98 | 181 595.99 | 247 461.46 |
| 49 | 31 | 173 935.08 | 322 486.27 | 439 453.13 | 173 935.08 | 322 486.27 | 439 453.13 | 96 024.49 | 178 035.28 | 242 609.28 | 96 024.49 | 178 035.28 | 242 609.28 |
| 50 | 32 | 173 935.08 | 322 486.27 | 439 453.13 | 173 935.08 | 322 486.27 | 439 453.13 | 94 141.66 | 174 544.39 | 237 852.23 | 94 141.66 | 174 544.39 | 237 852.23 |
| 51 | 33 | 156 541.57 | 322 486.27 | 439 453.13 | 156 541.57 | 322 486.27 | 439 453.13 | 83 066.17 | 171 121.96 | 233 188.46 | 83 066.17 | 171 121.96 | 233 188.46 |
| 52 | 34 | 156 541.57 | 322 486.27 | 439 453.13 | 156 541.57 | 322 486.27 | 439 453.13 | 81 437.42 | 167 766.62 | 228 616.14 | 81 437.42 | 167 766.62 | 228 616.14 |
| 53 | 35 | 156 541.57 | 322 486.27 | 439 453.13 | 156 541.57 | 322 486.27 | 439 453.13 | 79 840.61 | 164 477.08 | 224 133.47 | 79 840.61 | 164 477.08 | 224 133.47 |
| 54 | 36 | 156 541.57 | 322 486.27 | 439 453.13 | 156 541.57 | 322 486.27 | 439 453.13 | 78 275.11 | 161 252.04 | 219 738.70 | 78 275.11 | 161 252.04 | 219 738.70 |
| 55 | 37 | 140 887.41 | 303 137.10 | 430 664.06 | 140 887.41 | 303 137.10 | 430 664.06 | 69 066.27 | 148 604.82 | 211 121.49 | 69 066.27 | 148 604.82 | 211 121.49 |
| 56 | 38 | 140 887.41 | 303 137.10 | 430 664.06 | 140 887.41 | 303 137.10 | 430 664.06 | 67 712.03 | 145 691.00 | 206 981.86 | 67 712.03 | 145 691.00 | 206 981.86 |
| 57 | 39 | 140 887.41 | 303 137.10 | 430 664.06 | 140 887.41 | 303 137.10 | 430 664.06 | 66 384.34 | 142 834.32 | 202 923.39 | 66 384.34 | 142 834.32 | 202 923.39 |
| 58 | 40 | 140 887.41 | 303 137.10 | 430 664.06 | 140 887.41 | 303 137.10 | 430 664.06 | 65 082.69 | 140 033.64 | 198 944.50 | 65 082.69 | 140 033.64 | 198 944.50 |
| 59 | 41 | 126 798.67 | 284 948.87 | 422 050.78 | 126 798.67 | 284 948.87 | 422 050.78 | 57 425.90 | 129 050.61 | 191 142.75 | 57 425.90 | 129 050.61 | 191 142.75 |
| 60 | 42 | 126 798.67 | 284 948.87 | 422 050.78 | 126 798.67 | 284 948.87 | 422 050.78 | 56 299.91 | 126 520.21 | 187 394.86 | 56 299.91 | 126 520.21 | 187 394.86 |
| 61 | 43 | 126 798.67 | 284 948.87 | 422 050.78 | 126 798.67 | 284 948.87 | 422 050.78 | 55 195.99 | 124 039.42 | 183 720.45 | 55 195.99 | 124 039.42 | 183 720.45 |
| 62 | 44 | 126 798.67 | 284 948.87 | 422 050.78 | 126 798.67 | 284 948.87 | 422 050.78 | 54 113.71 | 121 607.27 | 180 118.09 | 54 113.71 | 121 607.27 | 180 118.09 |
| 63 | 45 | 114 118.81 | 267 851.94 | 413 609.77 | 114 118.81 | 267 851.94 | 413 609.77 | 47 747.39 | 112 069.45 | 173 054.63 | 47 747.39 | 112 069.45 | 173 054.63 |
| 64 | 46 | 114 118.81 | 267 851.94 | 413 609.77 | 114 118.81 | 267 851.94 | 413 609.77 | 46 811.17 | 109 872.01 | 169 661.40 | 46 811.17 | 109 872.01 | 169 661.40 |
| 65 | 47 | 114 118.81 | 267 851.94 | 413 609.77 | 114 118.81 | 267 851.94 | 413 609.77 | 45 893.30 | 107 717.66 | 166 334.71 | 45 893.30 | 107 717.66 | 166 334.71 |
| 总　计 | | 7 211 544.98 | 10 883 460.38 | 14 652 376.17 | 7 211 544.98 | 10 883 460.38 | 14 652 376.17 | 721 378.58 | 6 458 841.70 | 8 535 564.29 | 721 378.58 | 6 458 841.70 | 8 535 564.29 |

$$OI_j = \sum_{t=1}^{n} I_{jt} \qquad \text{①}$$

在公式①中,$OI_j$ 是 $j$ 个体的生涯工资收入的原始值,$I_{jt}$ 是 $j$ 个体在 $t$ 年的年工资收入,$t$ 的取值范围为从 $1 \leqslant t \leqslant n$,1 代表高中毕业后参加工作的第一年,$n$ 代表工作年限。工作年限最大值＝退休年龄－入大学前学校教育年限,退休年龄选择 65 岁,入大学前学校教育年限选择高中毕业的 18 岁,则 $n$ 的最大值为 47。但是,对于本科毕业生来说,由于继续在学校多读了 4 年,工作年限相应地就少了 4 年,其参加工作第一年的时间为 $n-4$ 年。

原始值计算结果如表 4-1 最后一行的左侧六格所示。分别为,$OI_{R1} = OI_{U1} = 7\ 211\ 544.98$ 元;$OI_{R2} = OI_{U2} = 10\ 883\ 460.38$ 元;$OI_{R3} = OI_{U3} = 14\ 652\ 376.17$ 元。平时几乎无人仔细计算过自己的生涯工资收入,这可能是因为,年轻人忙于工作,无暇计算;而老年人已把收入全部装进腰包,无需计算。但从推算可知,只要拥有稳定工作,勿论学历,其生涯工资收入均相当可观。而且,不同学历间的生涯工资收入的差距相对较大。

上述推算得出的生涯收入的数据有可能过大地估算了生涯工资收入的折现值总额,这是因为,若干年后的 100 元显然与现在的 100 元不等值,如果从二者中选其一,估计所有人都会选折现值 100 元,而不会选将来的 100 元。所以,对于在一个时间系列中的不同时间段的未来工资收入必须以一定的折现率换算为折现值,才能加减,本研究称之为偏好折现率。① 同时,在任何一个国家里,长期来看,客观上均存在持续的通货膨胀。因此,在现值换算时也必须对通货膨胀适当地调整。这里,本研究把偏好折现率和通货膨胀率二者之和视为 2%,来计算个体生涯工资收入的折现值②,计算时使用公式②。

---

① 个人偏好的特征和形成机制非常复杂。本研究仅指出其客观存在,但对其特征和形成机制不作深究。

② 2% 接近我国当前的一年期定期存款的利率。由于个体偏好不同,每个人的折现率不同。但是,从社会整体而言,未来价值的折现率的最合适的衡量指标则是一年期定期存款利率。这是因为,在不考虑未来的未知风险的情况下,未来价值折现的主要原因是主观偏好和通货膨胀两个。对此,下文相关段落仍会详述。

$$PVI_j = \sum_{t=1}^{n} \frac{I_{jt}}{(1+0.02)^{t-1}} \qquad \text{②}$$

在公式②中，$PVI_j$ 为 $j$ 个体的生涯工资收入的折现值，其他指标的含义与公式①相同。

计算结果如表 4-1 最后一行的右侧六格所示。不同学历的生涯工资收入的折现值分别为，$PVI_{R1} = PVI_{U1} = 4\,721\,378.58$ 元；$PVI_{R2} = PVI_{U2} = 6\,458\,841.70$ 元；$PVI_{R3} = PVI_{U3} = 8\,535\,564.29$ 元。很显然，与生涯工资收入的原始值相比，生涯工资收入的折现值已经缩小了很多。尽管如此，对于普通个体来说，生涯工资收入的折现值仍是一笔巨款。而且，不同学历间差距仍然明显。

## 三、高等教育收益

不过，在严格意义上，表 4-1 中所示的不同类型毕业生的生涯工资收入折现值还不是真正意义上的高等教育升学带来的经济回报即收益。这是因为，即使个体不上大学，高中毕业生也能够有机会找到工作，并获得相应的工资收入。所以，更严密一些，高等教育收益应该等于高校毕业生生涯工资折现值减去高中毕业生生涯工资折现值，这可以公式③来计算。

$$B_u = PVI_u - PVI_s \qquad \text{③}$$

在公式③中，$B_u$ 为纯的高等教育收益，$PVI_u$ 为高等教育毕业生的生涯收入折现值，$PVI_s$ 为高中毕业生的生涯收入折现值。根据公式③计算 $R_2$、$R_3$、$U_2$ 和 $U_3$ 的高等教育收益，分别如下。

$$B_{R2} = B_{U2} = PVI_{R2} - PVI_{R1} = PVI_{U3} - PVI_{U1}$$
$$= 6\,458\,841.70 - 4\,721\,378.58 = 1\,737\,463.12（元）$$

$$B_{R3} = B_{U3} = PVI_{R3} - PVI_{R1} = PVI_{U3} - PVI_{U1}$$
$$= 8\,535\,564.29 - 4\,721\,378.58 = 3\,814\,185.71（元）$$

但是,世界上不存在完全意义上的竞争性劳动力市场。不同程度的非竞争性劳动力市场客观上对劳动力个体存在不同的对待,这就是所谓的劳动力市场的就业歧视。[①] 就业歧视体现在学历方面即是,就业机会对不同学历的个体来说,并不完全均等。整体而言,高中毕业生的就业机会少于大学本科毕业生,普通高校本科毕业生的就业机会大大少于重点高校本科毕业生。因此,如果想让 $R_1$、$R_2$、$R_3$、$U_1$、$U_2$ 和 $U_3$ 6 位个体更具有各自所在社会群体的代表性,就必须考虑到这一点。[②] 这里,以重点高校本科毕业生的就业率为 1 单位,则参考既有研究和笔者调查的结果,就可假设普通院校本科毕业生的就业机会为前者的 98%,高中毕业生就业机会为前者的95%。这两个百分数就是劳动力市场学历歧视的数学衡量,在不同时空下会有不同程度的变化。[③] 沿此思路计算,上述各类高校毕业生的纯收益可调整如下。

$$B_{R2} = B_{U2} = 98\% \times PVI_{R2} - 95\% \times PVI_{R1} = 98\% \times PVI_{U3} - 95\% \times PVI_{U1}$$
$$= 98\% \times 6\,458\,841.70 - 95\% \times 4\,721\,378.58 = 1\,844\,355.22(元)$$
$$B_{R3} = B_{U3} = PVI_{R3} - 95\% \times PVI_{R1} = PVI_{U3} - 95\% \times PVI_{U1}$$
$$= 8\,535\,564.29 - 95\% \times 4\,721\,378.58 = 4\,050\,254.64(元)$$

很显然,经过调整后,高等教育收益明显提升。这说明,在具有学历歧视的劳动力市场上,学历越高获益越大。不过,如前所述,农村学生与城市学生之间存在着诸多高等教育不公平。这些高等教育不公平主要体现在以下三个侧面:第一,高等教育的入学机会不公平。即,农村学生没有城市学生进入高校学习的机会大,而且,进

---

① [美] 曼昆.经济学原理·微观经济学分册(第 5 版)[M].梁小民,梁砾,译.北京:北京大学出版社,2009:295,418 - 434.

② 这里的分析对象是学历差异的宏观社会结构特征或整体趋势。具体到个体,高中毕业生生涯工资收入高于普通本科毕业生以及普通本科毕业生生涯工资收入高于重点院校本科毕业生的实际例子并不少。本研究虽然承认这些个体的客观存在,但视之为诸多偶然因素影响下的个别结果。同时,从这里开始,本研究的 $R_1$、$R_2$、$R_3$、$U_1$、$U_2$ 和 $U_3$ 就逐渐脱离个体性,而被逐渐抽象为所在群体的整体特征的代表或表征。

③ 尽管在不同时空条件下,表达劳动力市场歧视程度的数字会有变化,但是其歧视的基本性质不会发生改变。虽然本研究尽可能在既有研究和调查基础上,选择更接近实际的数字,但是一个数字不可能表达所有时空条件下的多样化歧视的程度。以下各处的数字的选择思路与此处相同。因此,读者不必拘泥于本章的具体数字的精确性,而要通过该例证体会其后的制约公平的一般社会规律。

入重点大学学习的机会更小一些。第二,高等教育过程不公平。即,在高等教育学习过程中,农村学生和城市学生得到的教育的质量有所不同。[1] 整体而言,高等教育的积极影响在农村学生身上的体现相对要差一些。第三,高等教育效果和学历获得对毕业后就业质量的社会影响的不公平。在其他条件相等的情况下,三类不公平决定着二者生涯工资折现值的差异。因此,我们假定城市学生上大学、进入重点大学和找到好工作的概率均为1,而农村学生上普通本科的机会是城市学生的95%,获得同等优质高等教育的机会是城市学生的97%,毕业后找到同样或近似"好"工作的机会是城市学生的98%;农村学生上重点本科院校的机会是城市学生的90%,获得同等优质高等教育的机会是城市学生的94%,毕业后找到同样或近似"好"工作的机会是城市学生的96%;农村高中毕业生找到工作的机会是城市高中毕业生的95%。在分析时,为了让六者更具城乡的不同群体的群体代表性,就必须考虑到这些侧面。[2] 因此,在综合考虑上述诸点后,对公式③进行不同程度的修正,然后使用修正后的公式作如下计算。

$$B_{R2} = 95\% \times 97\% \times 98\% \times 98\% \times PVI_{R2} - 95\% \times 95\% \times PVI_{R1}$$
$$= 95\% \times 97\% \times 98\% \times 98\% \times 6\ 458\ 841.70 - 95\%$$
$$\times 95\% \times 4\ 721\ 378.58 = 1\ 455\ 086.28(元)$$

$$B_{R3} = 90\% \times 94\% \times 96\% \times PVI_{R3} - 95\% \times 95\% \times PVI_{R1}$$
$$= 90\% \times 94\% \times 96\% \times 8\ 535\ 564.29 - 95\%$$
$$\times 95\% \times 4\ 721\ 378.58 = 2\ 671\ 199.73(元)$$

---

[1] 这个差异未必完全是高校有意歧视的结果。在很多时候,客观现实的另一面则是,虽然高校提供了近似的学习条件,但是由于在个体学习动机、学习方法或学习效率上存在明显差异,城乡学生的教育获得质量就产生了明显的差异。高校因素和个体因素对教学效果的影响之间的关系比较复杂(参见 Lindsay C P, Judith Scott-Clayton. Improving College Access in the United States: Barriers and Policy Responses[J]. Economics of Education review, 2016,55: 4-22)。

[2] 与学历差异相同,这里分析的城乡差异是指宏观社会结构的结构特征或整体趋势,并不针对某个具体个体。具体到现实个体,农村出身的学生毕业后的生涯收入明显高于城市出身的学生毕业后的生涯收入的实际例子也很多。如果仅仅针对最优秀的那部分群体,也许从中看不出任何明显的城乡差异。对此,下一章还会深入分析,但本章并不重点针对这些特殊个体。为了让 $R_1$、$R_2$、$R_3$、$U_1$、$U_2$ 和 $U_3$ 更具有代表性,分析中就必须以这些机会概率作为权重,重新计算其高等教育收益。

$$B_{U2} = 98\% \times PVI_{U2} - 95\% \times PVI_{U1} = 98\% \times 6\ 458\ 841.70$$
$$- 95\% \times 4\ 721\ 378.58 = 1\ 844\ 355.22(元)$$
$$B_{U3} = PVI_{U3} - 95\% \times PVI_{U1} = 8\ 535\ 564.29 - 95\%$$
$$\times 4\ 721\ 378.58 = 4\ 050\ 254.64(元)$$

仅从计算结果来看,高等教育收益确实规模较大,而且城乡差异较大,重点高校毕业的二者差异更大。在现代社会里,工资收入占国民收入的绝大部分。[1] 如果个体的工资收入因所接受的学校教育尤其是高等教育不同而不同,则可认为高等教育带来经济不平等。[2]

如果一个社会符合上述本研究过程中假定的诸多外在条件,一方面,这些数字就是不同类型的农村大学生和城市大学生通过高等教育获得的生涯经济回报。另一方面,在任何社会里,均可比较容易地找到上述假定的各条件的实际对应值。只要把这些现实条件值代入上述公式中,就可求出不同类型高等教育的经济收益。所以,该思路的理论意义和实际价值均非常大。

不过,上述高等教育收益没有考虑个体上大学的费用,严格的理论分析还必须同时考虑费用。[3] 个体上大学需要花费不同类型的巨额费用,如果这些费用完全由政府、高校或其他社会机构来承担,则上述的高等教育收益即是完全意义上的个体的高等教育收益。可惜的是,对个体而言,现实中完全免费的高等教育根本不存在。换句话说,在任何国家里,个体均必须承担一定的高等教育费用,不同国家的差异仅

---

[1]  [美] 曼昆.经济学原理·微观经济学分册(第5版)[M].梁小民,梁砾,译.北京:北京大学出版社,2009:437 - 455.
[2]  学历带来的收入不平等与其他因素导致的收入不平等的性质有所不同。与此同时,社会心理对之的接受程度也完全不同(参见徐国兴.高等教育经济学[M].北京:北京大学出版社,2013:1 - 20)。
[3]  本研究把个体的高等教育收益分为不考虑费用的高等教育收益和考虑费用的高等教育收益两类。把前者定义为"高等教育的经济收益",而把后者定义为"高等教育的经济学收益"。这两类不同性质的高等教育收益均客观地存在,只是研究者没有特意关注或仔细分析而已。也就是说,社会大众在选择高等教育升学时,如果确实考虑其经济收益,可能会较大可能地忽略相应的费用。因为该费用为沉没成本,多考虑也无益。但是,经济学者在分析高等教育收益时,却必须把二者结合起来考虑。

仅是个体所负担的高等教育费用的比例不同而已。[①] 所以,严格地评估高等教育收益实际上究竟如何,还需要把高等教育的收益与费用加以仔细比较后才能确定。这样,就必须使用收益率概念来进行分析。

## 第二节　不同个体的高等教育收益率比较

抽象而言,收益率就是收益相对于费用的比值。可以说,这个定义对于人类社会的任何投资都适用,关键在于这个比值如何界定和计算。如果使用收益率来衡量高等教育的经济价值,那么首先就必须精确地计算高等教育费用。因此,以下就从高等教育费用分析开始。

### 一、不同个体的高等教育费用

研究者一般把个体负担的高等教育费用分为直接费用和间接费用两大部分。间接费用指高中毕业生毕业后四年间的劳动收入,这四年间的劳动收入因为需要上大学就放弃了。[②] 由于本研究把这部分费用放在了收益部分中计算,所以这里仅仅考虑直接费用。

研究者一般把直接费用定义为个体接受教育教学服务的对价,它主要包括学

---

① ［美］布鲁斯·约翰斯通,［美］帕玛拉·马库齐.高等教育财政:国际视野中的成本分担［M］.沈红,李红桃,孙涛,译.武汉:华中科技大学出版社,2010:6-35.
② 这里假定本科生在学期间完全不从事任何有报酬的工作。但是,实际上,我国本科生在专业学习和校园生活之余,从事勤工助学活动的比例相当高(参见,赵宝,乔学斌.大学生兼职现象及影响因素研究［J］.当代青年研究,2014(3):58-64)。其他国家高校的本科生基本上也是如此。与本科生相比,研究生兼职的比例和程度更高。各国政府和高校也鼓励高校学生从事一定程度的兼职活动。这是因为,对于大学生来说,兼职活动具有多重价值。比如,大学生从事兼职是他们深入认识社会的绝好机会,同时也是他们形成职业目标和工作动机的重要途径。所以,本科生的放弃收入实际可能并没有这么高。

分费和注册费,俗称学费,在我国还应包括食宿费。[1] 理论上,直接费用也包括书籍和电脑等学习用品的购置费。对此类在学期间产生的学习辅助费用,本章第三节再详细分析。本节的直接费用仅指由高等学校向学生个体直接收取的教育教学服务的对价(含食宿费)等。

在调查基础上,本研究假定 $R_2$ 本科期间高等教育直接费用(以下简称高等教育费用或学费)为 26 000 元,[2]该费用在四年间保持不变。由于这些费用由学校规定,所以 $R_2$ 与 $R_3$、$U_2$ 和 $U_3$ 的高等教育费用近似。[3] 就业的高中毕业生 $R_1$ 和 $U_1$ 则没有任何高等教育费用需要支付,所以为 0 元。以下分别计算高等教育费用的原始值(价格或名义费用)和折现值。

高等教育费用的原始值使用公式④来计算。

$$OP_j = \sum_{t=1}^{n} P_{jt} \qquad ④$$

在公式④中,$OP_j$ 是 $j$ 个体学习期间的所有高等教育费用的原始值,$P_{jt}$ 是 $j$ 个体在 $t$ 年的一年间的高等教育费用,$t$ 的取值为从 1 至 $n$,1 代表高等教育学习的第一年,$n$ 代表在学年级,由于学习年限为 4 年,所以 $1 \leqslant n \leqslant 4$。

计算结果如表 4 - 2 最下一行的左侧六格所示。[4]

---

[1] 严密地说,这里应是差额食宿费,即,由于在校内生活而多支付的高于居家生活的食宿费(参见,徐国兴.高等教育学费和机会均等[J].教育与经济,2004(4):6 - 11)。由于我国高校学生的住宿统一由高校负责安排,因而存在较高的潜在的补贴。这样一来,本科生的住宿费已经远远小于实际应支付额。学校食堂的饭菜价格也远远低于市场价格。所以,本研究直接使用食宿费,而没有使用差额食宿费。但是,需要注意的一点是,不同学生在学校宿舍使用的水电量不同,在食堂消费的饭菜的数量与种类也明显不同,因而食宿费仍然存在着显著的个体差异,城乡学生之间的个体差异将会更为明显。这里的计算暂不考虑这一点。

[2] 这个数据依据对不同类型的高校的调查结果,主要指个体就读公立高校所产生的高等教育费用。民办高校,尤其是中外合作办学的费用要高于这个数目约 50%—200%。

[3] 我国高校学费定价采取属地化原则,即,部委属高校的学费也由当地省级政府决定和管理。我国有些地区的政府规定,当地的重点高校学费高于普通本科院校 10%—20% 左右。因此,重点高校尽管属于中央政府,但是其学费也存在着一定的地区差异。有兴趣的读者可以根据本研究提示的基本方法,更换相关数据,自行计算实行差异化学费政策地区的重点高校的收益率。

[4] 在表 4 - 2 中,也以空白格即"0"元列出了 23—65 岁之间的高等教育费用。实际上,在职接受高等教育层次的培训(包括学历和非学历教育)或在职训练的现象越来越普遍。相应地,在职人员支出的高等教育或培训费用也越来越多。这些费用应当计入生涯高等教育费用之中。本研究的核心目的是分析城乡高等教育公平,所以假定高校学生一旦毕业,其后在工作中就不再接受任何形式的高等教育或在职培训。如果毕业后不再接受教育或培训,则相应的费用就为"0"元。

表 4 - 2 不同个体的生涯费用的原始值和折现值

| 年龄(岁) | 工作年限(年) | 生涯费用原始值(元) | | | | | | 生涯费用折现值(元) | | | | | |
|---|---|---|---|---|---|---|---|---|---|---|---|---|---|
| | | $R_1$ | $R_2$ | $R_3$ | $U_1$ | $U_2$ | $U_3$ | $R_1$ | $R_2$ | $R_3$ | $U_1$ | $U_2$ | $U_3$ |
| 19 | 1 | | 26 000.00 | 26 000.00 | | 26 000.00 | 26 000.00 | | 26 000.00 | 26 000.00 | | 26 000.00 | 26 000.00 |
| 20 | 2 | | 26 000.00 | 26 000.00 | | 26 000.00 | 26 000.00 | | 25 480.00 | 25 480.00 | | 25 480.00 | 25 480.00 |
| 21 | 3 | | 26 000.00 | 26 000.00 | | 26 000.00 | 26 000.00 | | 24 970.40 | 24 970.40 | | 24 970.40 | 24 970.40 |
| 22 | 4 | | 26 000.00 | 26 000.00 | | 26 000.00 | 26 000.00 | | 24 470.99 | 24 470.99 | | 24 470.99 | 24 470.99 |
| 23 | 5 | | | | | | | | | | | | |
| 24 | 6 | | | | | | | | | | | | |
| 25 | 7 | | | | | | | | | | | | |
| 26 | 8 | | | | | | | | | | | | |
| 27 | 9 | | | | | | | | | | | | |
| 28 | 10 | | | | | | | | | | | | |
| 29 | 11 | | | | | | | | | | | | |
| 30 | 12 | | | | | | | | | | | | |
| 31 | 13 | | | | | | | | | | | | |
| 32 | 14 | | | | | | | | | | | | |
| 33 | 15 | | | | | | | | | | | | |
| 34 | 16 | | | | | | | | | | | | |
| 35 | 17 | | | | | | | | | | | | |
| 36 | 18 | | | | | | | | | | | | |
| 37 | 19 | | | | | | | | | | | | |
| 38 | 20 | | | | | | | | | | | | |
| 39 | 21 | | | | | | | | | | | | |
| 40 | 22 | | | | | | | | | | | | |
| 41 | 23 | | | | | | | | | | | | |
| 42 | 24 | | | | | | | | | | | | |

续 表

| 年龄(岁) | 工作年限(年) | 生涯费用原始值(元) | | | | | | 生涯费用折现值(元) | | | | | |
|---|---|---|---|---|---|---|---|---|---|---|---|---|---|
| | | $R_1$ | $R_2$ | $R_3$ | $U_1$ | $U_2$ | $U_3$ | $R_1$ | $R_2$ | $R_3$ | $U_1$ | $U_2$ | $U_3$ |
| 43 | 25 | | | | | | | | | | | | |
| 44 | 26 | | | | | | | | | | | | |
| 45 | 27 | | | | | | | | | | | | |
| 46 | 28 | | | | | | | | | | | | |
| 47 | 29 | | | | | | | | | | | | |
| 48 | 30 | | | | | | | | | | | | |
| 49 | 31 | | | | | | | | | | | | |
| 50 | 32 | | | | | | | | | | | | |
| 51 | 33 | | | | | | | | | | | | |
| 52 | 34 | | | | | | | | | | | | |
| 53 | 35 | | | | | | | | | | | | |
| 54 | 36 | | | | | | | | | | | | |
| 55 | 37 | | | | | | | | | | | | |
| 56 | 38 | | | | | | | | | | | | |
| 57 | 39 | | | | | | | | | | | | |
| 58 | 40 | | | | | | | | | | | | |
| 59 | 41 | | | | | | | | | | | | |
| 60 | 42 | | | | | | | | | | | | |
| 61 | 43 | | | | | | | | | | | | |
| 62 | 44 | | | | | | | | | | | | |
| 63 | 45 | | | | | | | | | | | | |
| 64 | 46 | | | | | | | | | | | | |
| 65 | 47 | | | | | | | | | | | | |
| 总 计 | | 104 000.00 | 104 000.00 | 104 000.00 | | 104 000.00 | 104 000.00 | | 100 921.39 | 100 921.39 | | 100 921.39 | 100 921.39 |

$$OP_{R2} = OP_{R3} = OP_{U2} = OP_{U3} = 104\,000(元)$$

但是,与计算高校毕业生的生涯工资收入的逻辑相同,高等教育费用也非一次性支付,所以需要换算为折现值。在换算时,同样假定通货膨胀率和偏好折现率的总和为 2%。

高等教育费用的折现值使用公式⑤来计算。

$$PVP_j = \sum_{t=1}^{n} \frac{P_{jt}}{(1+0.02)^{t-1}} \tag{⑤}$$

在公式⑤中,$PVP_j$ 为所有高等教育直接费用的折现值,其他符号的含义与公式④相同。

计算结果如表 4-2 最下一行的右侧六格所示。

$$PVP_{R2} = PVP_{R3} = PVP_{U2} = PVP_{U2} = 100\,921.39(元)$$

接着,计算理论意义上的高等教育费用,即纯高等教育费用,它与纯高等教育收益的计算思路相同。纯高等教育费用=高等教育毕业生的高等教育费用的折现值-高中毕业生的高等教育费用的折现值。但是,由于高中毕业生的高等教育费用的原始值为 0 元,其折现值自然也为 0 元,所以上述的各类高等教育费用折现值即是各类高等教育的纯费用,即 $C_{R2} = PVP_{R2} - 0 = PVP_{R2}$,其他各类的纯高等教育费用的计算方法与此相同。如果把高等教育的纯费用和纯收益相比,就可见高等教育的纯收益远高于纯费用。那么,在明确了费用之后,应该如何计算高等教育收益率呢? 对此,研究者已经设计出了多种方法。

## 二、不同个体的高等教育收益率

### (一)高等教育内部收益率的基本理论模型

计算高等教育收益率有多种方式,[①]本研究主要按照内部收益率的逻辑来计

---

① Toutkoushian R K, Paulsen M B. Economics of Higher Education[M]. Berlin: Springer, 2016: 92-148.

算。内部收益率的基本逻辑是,把劳动力市场视作相对较完善的竞争性劳动力市场。[1] 在具有高度竞争性的相对比较成熟的劳动力市场上,如果把高等教育升学行为视作个体的人力资本投资行为,即把生涯工资收入视作人力资本投资的经济回报,那么该投资的费用折现值应该与收入折现值基本相等。[2] 由于高等教育的费用与收益都是按年支出和获得,而且很明显,费用在相对较短时间内支付,而收益在相对较长时间内获得,所以在计算时,就需要把高等教育的费用和收益均按照一定的利率折算为个体大学升学后第一年的折现值。

由于费用折现值与收入折现值相等,所以可把上述公式②和⑤加以修改,合并为公式⑥。

$$PVP_j = \sum_{t=1}^{n} \frac{P_{jt}}{(1+0.02+\gamma)^{t-1}} = PVI_j = \sum_{t=1}^{n} \frac{I_{jt}}{(1+0.02+\gamma)^{t-1}} \qquad ⑥$$

在公式⑥中,$\gamma$ 为市场折现率,该市场折现率就是高等教育内部收益率,其他符号的含义与上述各方程相同。求解该高阶方程,就可以简单地计算出高等教育内部收益率 $\gamma$ 值。

（二）各类高等教育收益率比较

本研究在计算高等教育收益率时,分以下三个层次来进行。第一个层次是,假定劳动力市场接近完全竞争劳动力市场,这样计算得出的高等教育收益率为标准收益率。第二个层次是,假定劳动力市场对学历存在着明显的就业歧视,即不同学历获得的就业机会不均等。不同学历的就业机会的差异率见本章第一节的假定。第三个层次是,劳动力市场不仅对学历有歧视,对城乡出身的

---

① [美] 曼昆.经济学原理·微观经济学分册(第5版)[M].梁小民,梁砾,译.北京:北京大学出版社,2009:295;418-434.
② 即使高等教育升学仅仅是纯粹的个体消费行为,也可以运用同样的理论逻辑来进行分析。这是因为,不论何种目的的个体消费,消费总是与消费后获得的明确效用相联系。像在大街上随便撒钱一样去消费的个体毕竟是少数(即使是大街上撒钱之人其金钱消费也明确包含某种目的在内)。研究者早已发现,对于消费行为的费用和效用仍然可以运用同样的理论逻辑来分析。而且,多次调查发现,我国大部分个体的高等教育升学行为总会包含不同程度的投资目的在内,即为了毕业后获得更好一点的职业和工资收入。当然,农村出身的大学生升学行为中的投资意向显得更为浓重一些。

不同个体也有就业机会的歧视。[①] 城乡出身的各类学生的就业机会的差异率见本章第一节的假定。劳动力市场的就业歧视自然会改变高等教育的收益和收益率。

根据上述公式⑥计算出的不同条件下的各类高等教育收益率如表 4-3 所示。

表 4-3　基本模型下的各类高等教育收益率(%)

|  | 标准<br>(A) | 标准＋学历就业机会<br>差异(B) | 标准＋学历就业机会差异＋<br>城乡就业机会差异(C) |
|---|---|---|---|
| $R_2$ | 5.002 4 | 5.494 1 | 4.584 1 |
| $R_3$ | 8.582 4 | 9.356 4 | 6.786 4 |
| $U_2$ | 5.002 4 | 5.494 1 | 5.494 1 |
| $U_3$ | 8.582 4 | 9.356 4 | 9.356 4 |

表 4-3 表明,在理想状态下的劳动力市场上,普通高校本科毕业生($R_2$、$U_2$)与重点高校本科毕业生收益率的差距($R_3$、$U_3$)((8.584 2－5.002 4)/5.002 4×100%＝71.60%)比收益的差距((4 050 254.64－1 844 355.22)/1 844 355.22×100%＝119.60%)要小很多。即使劳动力市场上存在着学历歧视,但是该类歧视却让所有类型的高等教育收益率均明显提高。换句话说,高等教育学历让文凭持有者能更有力地抵抗劳动力市场的风险。当然,劳动力市场不仅存在学历歧视,还存在各种各样的城乡歧视,这些歧视会使农村出身大学生的高等教育收益率明显降低,而相应层次的高等院校毕业的城市出身大学生的高等教育收益率没有变化。总之,不管是从高等教育的绝对收益值来看,还是从具有相对意义的高等教育收益率来审视,在城乡大学生之间,一定程度的高等教育不公平均明显地存在着。

但是,不可否认的一点是,与农村出身的本科毕业生相比,城市出身的本科毕业生在准备升学考试、大学阶段学习和就业活动等学习和就业的过程中,投入资

---

[①]　在日常生活中,中文的"歧视"(discrimination)一词具有较强的贬义色彩。本研究仅取其中的"区别对待"的经济学含义。另外,歧视行为本身虽然让受歧视者或坚持理想主义的观察者不愉快,但是从歧视者的角度来看,该歧视未必没有客观而充分的经济上的理由。

源的总量也明显较多。皮埃尔·布尔迪厄曾把这些教育资源细分为经济资本、文化资本和社会资本。[①] 其中,经济资本差异在城乡学生身上的表现则最为明显,这些经济资源的差异将对未来收入差异产生重要影响。下一节就具体分析这些资源差异对收入的影响,以及资助政策对该影响的调控。

## 第三节　费用拓展与高等教育收益率变化

上一节仅把高等教育费用限定在高校向学生收取的各类学费和费用上。但是除此之外,大学生还需要支付两类费用:大学期间的学习辅助费用以及大学入学前的升学准备费用。这两类费用可能比高校收取的学费还要高很多,其存在显著提升了学费水平,增加了个体差异。在其他条件不变的前提下,它相应地降低了高等教育收益率。在其他条件保持恒定的前提下,这两类费用的总额越高,高等教育收益率降低的程度就越大。如果这类费用存在着城乡之间的差异,则会相应地改变城乡高等教育收益率的不公平程度。

同时,政府会对大学生进行不同类型和不同程度的经济资助。政府资助降低了受资助者个体的费用水平,起到提升高等教育收益率的作用。政府资助改变了个体的总费用差异的社会结构,即资助是负的高等教育费用,也有研究者视其为社会向大学生支付的学习工资。[②] 政府资助整体上会向农村出身的大学生倾斜,因此会缩小高等教育收益率的城乡差异。

本节以下分析分为两个步骤。首先,分析两类费用拓展和政府资助的基本特征。然后,在此基础上,分析两类费用和政府资助对高等教育收益率的影响程度。

---

① Bourdieu P. The Forms of Capital[A]. Halsey A H et al. Education: Culture Economy and Society[C]. Oxford: Oxford University Press, 1997: 46 – 58.

② Woodhall M. Student loan[A]. Carnoy M. International Encyclopedia of Economics of Education[C]. Cambridge UK: Cambridge University Press, 1995: 313 – 320.

## 一、学习辅助费用与高等教育收益率变化

### (一)学习辅助费用和高等教育收益率计算模型拓展

如前所述,研究者一般把高等教育的直接费用分为两部分:接受教学服务的对价和使用学校设施设备的费用。其实,高等教育的直接费用中还应该包括大学生个体的学习用品购置费,比如购买书籍和电脑等。这是因为,如果不进入大学学习,这些费用就有可能不会发生。本研究把这些费用合称为学习辅助费用。调查表明,虽然上交给学校的费用一般并不会随个体的社会经济背景特征有明显变化,但是学习辅助费用的个体差异较大,且受社会经济背景的影响较大。因此,$U_2$和$U_3$的这部分费用肯定会比$R_2$和$R_3$要高很多。在调查基础上,假定$U_2$和$U_3$每年的费用为 10 000 元,$R_2$和$R_3$每年的费用为 4 000 元,以下计算其原始值和折现值。

首先,计算学习辅助费用的原始值。$R_2$和$R_3$的学习辅助费用原始值四年合计为 16 000 元,$U_2$和$U_3$的学习辅助费用的原始值四年合计为 40 000 元。其次,根据公式⑤,分别计算 4 位个体的四年间学习辅助费用的现值。计算结果表明,$R_2$和$R_3$的四年学习辅助费用的折现值为 15 526.37 元,$U_2$和$U_3$的四年学习辅助费用的折现值为 38 815.92 元。

辅助学习费用差额意味着城乡学生在校学习期间资源投入明显不同,即使高等教育收益不变,它也会使收益率发生本质变化。本研究虽在费用中增加了学习辅助费用的项目,但仍可以直接使用公式⑥来计算,只不过费用总量中包含了学习辅助费用而已。

### (二)学习辅助费用对收益率的影响

根据公式⑥,在考虑了学习辅助费用之后,各类高等教育收益率发生了一些变化,具体如表 4-4 的第一列所示。农村出身的普通本科院校毕业生的高等教育收益率从 4.584 1 降为 4.470 9;农村出身的重点本科院校毕业生的高等教育收益率从 6.786 4 降为 6.657 8。与此相比,城市出身的普通本科毕业生的高等教育收益率从 5.494 1 降为 5.197 9;城市出身的重点院校本科毕业生的高等教育收益率从 9.356 4

降为 8.963 3。两相比较而言,城市出身的大学毕业生的收益率降幅更大。①

表 4 - 4　拓展模型下的高等教育收益率(%)

|  | 当考虑学习辅助费用时(D) | 当考虑学习辅助费用+准备费用时(E) | 当考虑学习辅助费用+准备费用+奖助学金时(F) | 当考虑学习辅助费用+准备费用+助学贷款时(G) |
|---|---|---|---|---|
| $R_2$ | 4.470 9 | 3.550 2 | 3.780 7 | 3.615 6 |
| $R_3$ | 6.657 8 | 5.803 5 | 6.058 6 | 5.930 1 |
| $U_2$ | 5.197 9 | 4.937 8 | 4.937 8 | 4.937 8 |
| $U_3$ | 8.963 3 | 8.579 9 | 8.579 9 | 8.579 9 |

　　上述变化趋势说明,在考虑了学习辅助费用之后,再来观察高等教育就业机会的城乡不公平,可能得到的不公平程度的统计特征就与仅观察劳动力市场的收入分配有所不同。也就是说,劳动力市场上城乡高等教育毕业生的收益率差距部分来源于求学期间的费用投入差异。这些数字也生动地描述出了经济资本通过文化资本曲折再生产的具体的社会机制。

## 二、升学准备费用与高等教育收益率变化

### (一) 大学升学准备费用与高等教育收益率计算模型拓展

　　尽管高等教育已经普及化,但是受高校学位的供需关系的影响,本科院校还存在着入学选拔和考试竞争。现在的高考几乎主要依靠个体的学业成绩,学业成绩取决于天赋能力和后天教育的综合影响。研究者一般认为,在一定水平的天赋以上,学业成绩的高低取决于后天教育的影响,后天教育是学校教育加校外教育。理论上,校外教育包括家庭教育、社区教育和影子教育三种类型。目前,在从小学到高中的基础教育阶段里,社区教育已经看不见了踪影。与此同时,大部分中国家庭的家

---

① 调查表明,城市出身的本科生的学习辅助费用不仅平均值和中位值均远远高于农村出身的本科生,其标准偏差也相对大得多。这说明,即使在城市出生的本科生群体中,学习辅助费用的个体多样性也很明显。

庭教育也不完备且不具有系统性。所以,所谓的后天教育实际上就等于学校教育加影子教育。而所谓的影子教育,就几乎等于为了提高应试水平的校外学科培训。[①] 随着基础教育阶段的学校教育越来越均质化,影子教育的影响就越来越重要。目前,社会各界对影子教育诟病甚多。[②] 当然,各级政府均在采取措施积极地规范校外培训实践,以回应社会舆论。[③] 但是,只要在高等教育的升学中存在着差额选拔,那么为了通过考试而进行的应试教育总会存在。应试教育催生影子教育,需要个体支付相应的培训费用。总之,对影子教育的观察视点宜多元化,治理方式也应灵活化。[④]

在现实中,应试教育在个体学习生涯的很早时期就开始了,但是,本研究假定相应的高考培训仅仅在高中三年时间内进行。毫无疑问,在高考培训的支出上,城市学生要远远高于农村学生。在调查基础上,假定高中三年升学准备费用不变,农村大学生每年支出升学准备费用 5 000 元,三年共计 15 000 元,城市大学生每年支出升学准备费用 10 000 元,三年共计 30 000 元。这是升学准备费用的原始值。根据公式⑤可计算高等教育升学准备费用的折现值,农村大学生升学准备费用的折现值为 15 608.04 元,城市大学生升学准备费用的折现值为 31 216.08 元。无论城市还是农村,高中毕业后立即工作者支付的升学准备费用为 0 元。[⑤]

对于高三毕业时或毕业后的高等教育升学选择来说,高等教育升学准备费用

---

① 薛海平.从学校教育到影子教育:教育竞争与社会再生产[J].北京大学教育评论,2015(3):47 - 69,188 - 189.

② 胡咏梅,范文凤,丁维莉.影子教育是否扩大教育结果的不均等——基于 PISA 2012 上海数据的经验研究[J].北京大学教育评论,2015(3):29 - 47.

③ 中共中央办公厅,国务院办公厅.关于进一步减轻义务教育阶段学生作业负担和校外培训负担的意见[EB/OL]. (2021 - 07 - 24)[2021 - 08 - 20]. http://www.moe.gov.cn/jyb_xxgk/moe_1777/ moe_1778/ 202107/ t20210724_546576.html.

④ 对影子教育所发挥的社会功能和教育功能,研究者的理论认识并非高度一致。而且,世界上发达国家对影子教育的政治态度和治理方式也时有变化(参见,[美] 布雷恩·J. 麦克维.日本高等教育的奇迹与反思[M].徐国兴,译.上海:华东师范大学出版社,2020:37 - 124)。

⑤ 由于高中教育并非免费教育,所以高中毕业立即参加工作者也会支付一定数量的大学升学准备费用。比如,高中三年的学费等。不过,由于非大学升学者也需要支付这部分费用,故本研究并没有把这部分费用计入大学升学准备费用的整体中去。在既有研究中,大学升学准备费用没有受到足够的理论重视。大学升学准备费用的差异应该能够解释大部分的高等教育机会的不公平,包括城乡高等教育机会不公平。

为已支出费用。因此,它为定值,即不受升学选择内容的任何影响。升学准备费用的存在要求研究者必须对公式⑥加以拓展和修改,才能精确地测量高等教育收益率。拓展后的公式为⑦。

$$PVP_j = \sum_{t=1}^{n} \frac{P_{jt}}{(1+0.02+\gamma)^{t-1}} + \sum_{\pi t=1}^{3} P_{j\pi t}(1+0.02+\gamma)^{\pi t}$$

$$= PVI_j = \sum_{t=1}^{n} \frac{I_{jt}}{(1+0.02+\gamma)^{t-1}} \tag{⑦}$$

在公式⑦中,$P_{j\pi t}$ 为个体 $j$ 在 $\pi t$ 时间点支付的准备费用,$\pi t$ 为高中在学年级,$\pi t$ 的取值范围为 $1 \leqslant \pi t \leqslant 3$,其他符号的意义与前述的各公式相同。

（二）大学升学准备费用对高等教育收益率的影响

根据公式⑦,在考虑了高等教育的升学准备费用后计算的各类高等教育收益率,计算结果如表 4-4 的第二列所示。具体而言,农村出身的普通本科院校毕业生的高等教育收益率从 4.470 9 降为 3.550 2,农村出身的重点本科院校毕业生的高等教育收益率从 6.657 8 降为 5.803 5。与此相比,城市出身的普通本科院校毕业生的高等教育收益率从 5.197 9 降为 4.937 8;城市出身的重点院校本科毕业生的高等教育收益率从 8.963 3 降为 8.579 9。

由此可见,大学升学准备费用对高等教育收益率有较大影响。反过来说,劳动力市场上城乡高等教育毕业生的收益率差距部分是因为入学前的大学升学准备费用投入的差异。大学升学准备费用比学习辅助费用的影响更为显著。而且,本研究仅仅考虑高中三年的升学准备费用,实际上升学准备开始更早,因而费用总额也更多。总之,如果想全面地比较城乡高等教育公平就不能不把城市学生支付的巨额的升学准备费用考虑进去。

## 三、倾斜资助政策与收益率变化

（一）倾斜性资助政策与收益率计算模型拓展

针对农村学生在社会结构体系中的弱势地位,政府采取了很多倾斜性政策积极加以补救,其中以经济资助为主要政策手段。政府的经济资助形式多种多样,但从其资金流的经济学性质而言,不外乎两种基本形式,一种是不需要受资助学生将来返还的经济资助,另一种是需要受资助学生将来返还的经济资助。前者的典型是奖助学金,后者的典型是助学贷款。实际上,政府对所有大学生均有资助,但为了分析方便,这里假设资助仅针对农村学生。

政府的经济资助对高等教育收益率有影响,但是,奖助学金和助学贷款这两种资助形式所影响的时间段不同。奖助学金仅对高等教育毕业生在学期间的生涯收入和费用有影响,但助学贷款的影响一直持续到贷款全部归还为止。因此,作为政策设计,助学贷款考虑的因素要多一些。由此也可以推导出,同等额度的奖助学金和助学贷款,前者对高等教育收益率的影响力度要大一些。

为此,以下分析分为两步。首先,假定所有资助均为奖助学金,然后分析其对高等教育收益率的影响。其次,假定所有资助均为助学贷款,然后分析其对高等教育收益率的影响。

### (二)奖助学金对高等教育收益率的影响

一般而言,奖助学金发放对大学生的学业成绩要求相对比较高。本研究假定所有农村大学生均能获得与助学贷款数额一样的奖助学金,现在,助学贷款的实际金额为每年最高 8 000 元。[①] 在如前提倡的过度资助的原则指导下,假定农村大学生每年获得奖助学金 10 000 元,四年保持不变,则奖助学金的原始值则为40 000 元,在 2% 的折现率下,其折现值为 38 815.92 元。

对奖助学金的性质,有两种经典的经济学解释,一种是学费对冲,另一种是在学期间工资收入。不管是哪一种解释,其对高等教育收益率计算公式⑦没有任何影响。但如果视作前者,则需在公式⑦中的费用中减去奖助学金的金额;如果视作后者,则需在公式⑦的收入中增加这一部分。本研究视作在学期间工资收入,根据公式⑦,计算时考虑了奖助学金后的高等教育收益率。

---

① 自 2021 年 9 月份起,面向本专生的助学贷款的年间最大额度提高至 12 000 元(具体参见,教育部.额度上调! 4 部门联合发布通知,进一步完善国家助学贷款政策[EB/OL].[2021 - 09 - 15]. https://mp.weixin.qq.com/s/22Ajp2jkrWPMhmlDAbZFDQ)。

计算结果如表 4 - 4 的第三列所示。由于城市学生没有获得资助,所以其高等教育收益率无任何变化,但是,农村学生的高等教育收益率却有显著提升。具体而言,农村出身的普通本科院校毕业生从 3.550 2 升为 3.780 7,农村出身的重点本科院校毕业生从 5.803 5 升为 6.058 6。总之,政府的大学生经济资助本质上也是改变劳动力市场上城乡不公平的重要手段。

**(三) 助学贷款对高等教育收益率的影响**

与奖助学金相比,助学贷款对高等教育收益率影响的不同之处在于它需要归还。为此,首先计算助学贷款的还款额。助学贷款的还款额不仅受本金的影响,还受到利率和还款期限的影响。本金的金额与上述的奖助学金金额相同。根据国家政策规定,助学贷款利率不高于一般长期商业贷款的年利率。为此,这里设定其年利率为 5%。国家最新政策还规定,助学贷款还款期限最长为 22 年。由于在学期间无息,还款计息从大学毕业后的第一年算起,①复利计算,还款总额约为 63 198.39 元。这是助学贷款还款额的原始值。按照每年等额的还款方式,平均分 18 年还清,则每年还款额为 3 949.90 元。如果仍然按照通货膨胀和偏好折现率的总和为 2% 来调整,那么助学贷款还款总额的折现值为 54 548.57 元。②

根据公式⑦,在考虑助学贷款后计算高等教育收益率的变化,计算结果如表 4 - 4 第四列所示。由于城市学生没有使用助学贷款,其高等教育收益率无变化。但是,农村学生的高等教育收益率有明显变化,具体变化如下:普通本科院校毕业生高等教育收益率从 3.780 7 降为 3.615 6,重点本科院校毕业生的高等教育收益率从 6.058 6 降为 5.930 1。

不过,与没有获得任何经济资助时的高等教育收益率相比,农村学生即便使用助学贷款这一种需要归还的经济资助形式,其高等教育收益率仍然有所提高,

①　教育部,财政部,中国人民银行,银保监会.教育部财政部中国人民银行银保监会关于调整完善国家助学贷款有关政策的通知(教财〔2020〕4 号)〔EB/OL〕.〔2021 - 08 - 15〕. http://www.xszz.cee.edu.cn/ index.php/ shows/ 10/ 3973.html.
②　从这些数据来看,国家助学贷款的还款负担整体上相对较轻。只要借贷者拥有一份稳定的工作,助学贷款的还款就不构成任何能够影响其实际生活水平的经济负担。

即当下的助学贷款政策仍能有助于改善劳动力市场上的城乡不公平的程度。因此，考虑到政府财政条件的实际限制，政府不断扩大助学贷款规模显然是最佳的政策选择。

## 第四节　高等教育收益率的多世代延续与变化

本节首先对多世代操作性进行界定，然后分单世代和世代累积分别计算城乡收益率变化。

### 一、多世代的界定

第一，进一步界定标准生涯周期。对于标准生涯周期，本章在第一节已经有所涉及，这里进一步补充说明，不同个体的生涯周期完全不一样。为了研究方便，必须假设标准生涯周期。本研究假定的标准生涯周期是，自然出生时为 1 岁，19 岁高中毕业，19 岁升学或工作；如果 19 岁升入大学四年制本科，则 23 岁毕业，毕业后立即工作并结婚。所有人 24 岁生子，65 岁退休，85 岁自然死亡。第一节列举出的六位个体均沿着同样的生命周期生活。

第二，本研究选择五个连续的世代为研究对象。如果没有巨大的突发事件的严重影响，人类社会的某一家族自会繁衍而连绵不绝，即使是大历史观也只能观察其中的相对较长的一段时间，本研究选择连续的五个世代。上几节分析的是第二代的高等教育的费用、收益和收益率的基本情况，其实质是分析第一代和第二代之间的经济、社会和教育的传承。这是因为，第二代的费用支付和升学抉择的特征里都有父代甚至祖代的影子，所以本研究的分析起点是其父代。五个世代之间的延续关系如图 4-1 所示，假定所有世代的生命周期相同，这样一来，这里的研究对象实际上关涉了 181 年左右的城乡高等教育公平的变化。

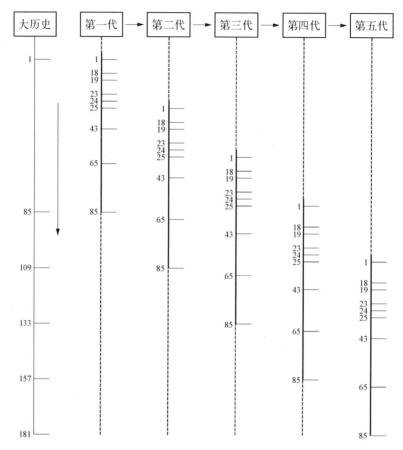

**图 4 - 1　大历史观下的五世代传承示意图**

第三,第二代以后,农后代与城后代均能够获得重点高校入学机会。[1] 农村的重点高校毕业生的费用、收益与收益率三者的城市化水平不同步,一方面,比较而言,高等教育费用水平首先城市化,即农三代的费用与城三代没有区别。但是,农三代的收益并不能完全脱离农村出身的影响,为此假设其就业机会比农二代明显

---

① 　实际上,在重点高校毕业的二代中,其子女未能像父辈一样升入重点高校读书的也并非个案。其后的三代与四代的情况也基本与二代相类似。这就形成现代社会结构的一种自我微调机制。对这种精英结构的自我微调机制,既有研究尚缺乏应有的理论关注。如果把这些曲折变化全部考虑进去,则计算过程将变得特别烦杂。因此,在本研究中,仅仅考虑了其中最简单的一种变化情况。

提升，即，找到工作的概率是城三代的 95%，获得高质量教育的可能性为城三代的 97%，找到"好"工作的可能性是城三代的 98%。另一方面，其高等教育收益率的比较对象仍然是农村出身的高中毕业生。这是因为，其父代在社会身份上仍然是半个农村人，思想观点上的"农村性"可能更为浓厚。农四代在高等教育质量和就业机会获得上就已经与城四代完全相等。但是，高等教育收益率比较的对象仍然是农村高中毕业生，这可能是农村家族思维的最后影响。由于农村高中毕业生的就业质量明显低于城市高中毕业生，这反而会使农四代的高等教育收率高于城四代。农五代则已经彻底完成了城市化的全过程，其高等教育的费用和收益完全与城五代相同，自然其高等教育收益率也相等。通过高等教育的不断作用，城乡公平好像最终实现了。

第四，从农三代开始，在形式上，农村出身的后代就失去了接受政府主导的面向农村学生的所有经济资助的政治资格，这使其无法通过接受来自政府的大学生资助而提高高等教育收益。这也就意味着，农二代的时期是政府政策能够发挥最大效力的关键期。

第五，经济长期稳步增长。受到经济稳定增长的影响，人均国民可支配收入持续提升，高等教育费用和各级各类毕业生的工资收入也同步增长。为此，假定在人均可支配收入等指标上，第三代是第二代的 2 倍，第四代是第二代的 4 倍，第五代是第二代的 8 倍。

## 二、扩张模型中的收益率的多世代延续与变化

以下，利用公式⑦计算多世代的高等教育收率，收益率计算时用两种方式分别进行。首先，把每一世代切割开来，单纯计算该世代的高等教育收益率。其次，把后代与前代联系起来，把每一家族视作一个历史连续体，计算二世代、三世代、四世代、五世代的累计收益率。计算时，把第三、第四和第五世代的收入和费用均按相同规则，转化成第二代的现值。

计算结果如下表 4-5 所示。表 4-5 表明，单世代与世代累计的收益率明显

表 4-5  扩展模型中的多世代重点高校收益率(%)

|  |  | 单世代 | 世代累计 |
|---|---|---|---|
| 第二代 | $R_3$ | 5.930 1 | 5.930 1 |
|  | $U_3$ | 8.579 9 | 8.579 9 |
| 第三代 | $R_3$ | 7.739 9 | 6.282 8 |
|  | $U_3$ | 8.579 6 | 8.709 1 |
| 第四代 | $R_3$ | 9.270 1 | 6.622 3 |
|  | $U_3$ | 8.579 8 | 8.837 4 |
| 第五代 | $R_3$ | 8.579 8 | 6.619 8 |
|  | $U_3$ | 8.579 8 | 8.831 6 |

不同。[①]

从单世代来看,城二代、城三代和城四代的重点收益率几乎没有什么明显变化。与此相比,农后代的重点收益率则明显经历了从低(农二代)逐渐升高(农三代),至最高点(农四代)后又降低(农五代)的过程。但是,在第五代,城乡之间的收益率差异则完全消失。因此,农后代只要在某个历史时期充分利用外界有利因素,就能实现重点大学读书之梦;只要继续努力,顺利完成高等教育,就能够实现社会经济地位的实质性上升;而其后代只要继续保持一定程度的积极努力,就可实现单世代的经济社会地位的相对超越。其中,所谓外界利好,主要是政府的倾斜政策。总之,单世代长期来看,只要政策适切,城乡精英高等教育公平的实现可能性就很大。

不过,从世代累积来看,情形稍有不同,农村家族与城市家族的重点高校收益率体现出近似的历史变化趋势:从第二代至第四代逐渐上升,而从第四代向第五代时,则又略微下降。这体现出所有正常家族的社会经济地位的历史发展的基本

① 本研究的高等教育收益率计算考虑了因通货膨胀和个人偏好带来的折现率"2%"。但是,研究者一般不考虑这个折现率(参见,Toutkoushian R K, Paulsen M B. Economics of Higher Education[M]. Berlin: Springer, 2016: 92-148)。这是因为,研究者计算高等教育收益率的主要目的是把高等教育投资与其他投资的收益率相比较。所有投资均存在同样的折现率,考虑与不考虑的比较结果都相同。本研究的目的与既有研究不同,仅聚焦于高等教育本身的收益率,所以就必须考虑这个折现率。如果沿着既有研究的思维使用本研究的数据重新来计算高等教育收益率,那么在所有的收益率上增加2%即可。

规律,即所谓的"盛极必衰"。当然,这可能也与本研究假定的经济发展的基本趋势和变化速度密切相关。[①] 本研究更为关注的一点是,从第二代至第五代,城乡差异尽管逐渐降低,但是仍然明显存在。由此可见,一方面,在家族发展历史中,起点即"本金"的影响巨大;另一方面,起点处的政府倾斜政策的力度至关重要,故尚有待加强。总之,如果从世代累积的角度来看,完全实现城乡精英高等教育公平的难度很大。整个社会就是由无数个类似的家族构成的,整个民族的发展历史由无数个"五世代"先后衔接而成。因此,促进城乡精英高等教育公平可谓是永恒的政策难题。

总之,在理论上,单世代分析和世代累积分析的结果之间存在着无法兼容之处。如果纯粹理论地观察分析,从世代累积的视点出发可能更为严格一些。但是,世代累积的理论分析的结果会受到伦理意义和现实价值上的强烈质疑,这就与当下美国社会对一些补偿政策的质疑一样,[②]即,现代社会的个体和政府有没有责任与义务为祖先的诸种行为的结果买单? 如果确实有此种责任和义务,具体又体现在哪些层面上? 同时,采取哪种具体的实施方法更为合适一些? 不过,从单世代角度出发的统计分析的结果就完全不存在这方面的问题。单世代分析的结果让当世人有理由对精英高等教育公平的发展前景保持一定程度的乐观。

---

① 本研究假定整体经济一直呈现长期向上且若干代均是倍增的趋势。尽管从最近 30 年的发展趋势来看,这个假定不无道理,但若置于更长时期的发展过程中审视,该趋势假定的合理性如何尚不得而知。
② [美]桑德尔·迈克尔.公正该如何做是好[M].朱慧玲,译.北京:中信出版社,2011:200,252-253.

◆ 第五章
磨难与超越

谓之"磨难",必先有"苦难"。《世界的苦难》是皮埃尔·布尔迪厄的经典名著,它从不同角度细腻地描述了底层社会的苦难与挣扎。很多细心的读者可能会从中品读出维克多·雨果的《悲惨世界》的味道来。原著也许包含了对社会苦难的无情批判,但在我看来,世界的苦难恐怕仅是客观描述而已。作者也许更想礼赞普通人在苦难世界中的奋斗不息,以及支撑他们积极向上的那种神秘的精神力量,并探索这种精神力量形成的社会之源。在古代中国神话中,此类精神刻画随处可见,比如夸父追日,再如精卫填海等。其实,这种精神礼赞在世界上所有的古老文明中均可觅得踪迹。比如,古希腊神话中被缚的普罗米修斯和一直推石上山的西西弗斯等形象。尽管不知道结果如何或者明知道结果不会如何,但人类却从没有畏惧"原罪"、停止"挣扎",也从未失去面对苦难的勇气。

只有真正认识"苦难"的世界,才可能超越世界的"苦难"。与其他发达国家略有不同,农村、农民和农业是中国现代化发展中无法绕过的最重要的话题。[1] 精英高等教育的历练无疑为农村资优生提供了社会上升流动的"黄金通道",并客观上成为农村现代化的契机。或者说,为政者尤其希望如此。[2] 但是,身在其中的优秀农家子弟又如何认识这一点?[3] 与其他行业明显不同的一点是,学校教育事业是需要受教者高度参与的社会活动。受教者的学习行为和投入在一定程度上决定教育的效果,[4]这使得学习参与的研究成为当前高等教育理论和实践的重要课题。[5] 不过,高校的受教者的学习行为和动机又在相当程度上取决于其既有的思

① 刘儒,刘江,王舒弘.乡村振兴战略:历史脉络、理论逻辑、推进路径[J].西北农林科技大学学报(社会科学版),2020(2):1-9.
② 李立国,吴秋翔.从权利平等、机会平等到发展平等——基于我国倾斜性招生政策的分析[J].教育研究,2020(3):95-105.
③ 谢爱磊.精英高校中的农村籍学生——社会流动与生存心态的转变[J].教育研究,2016(11):74-81.
④ Toutkoushian R K, Paulsen M B. Economics of higher education[M].Berlin:Springer,2016:275-322.
⑤ 鲍威.未完成的转型:高等教育影响力与学生发展[M].北京:教育科学出版社,2014.

想观点。因此,有必要解析重点高校农村资优生在这一点上的所思所想的特质。[①]

有鉴于此,本章首先择取在农村资优生中比较流行的两种互相对立的代表性观点,分析其实质并适当评估(第一节);其次分析农村资优生应该如何准确地自我定位(第二节)。

## 第一节　两种对立的代表性观点

对于精英高等教育经历和农村资优生社会上升流动之间的因果关系,农村资优生也有着自己的认识,这些认识与社会、高校和政府对之的主要认识未必完全相同。[②] 在农村资优生的自我认识中,存在着两种截然对立的观点。本书分别称之为悲观论与乐观论。分述如下。

### 一、悲观论的现象与本质

悲观论集中体现在"小镇做题家"这一概念的出现与流行上。"小镇做题家"是农村资优生的自我调侃式的喟叹。其中,尽管略有对命途多舛的些许遗憾和怀才不遇的复杂惆怅,但更多的是自我认识的成熟化、清醒化和现实化。从教育和

---

① 我国从 2012 年开始实施各种类型的高校招生的专项计划。这些专项计划的基本精神是在一流高校的招生中适当向优秀的农村学生倾斜。如果从决策者、高校管理者和社会媒体的角度来看,这对农村资优生来说,似乎都是百利而无一害的政策举措。但是,未必所有农村资优生均如此认为。比如,笔者曾经在硕士研究生招生中面试过一位通过专项计划进入我国四大名校的农村学生。她对自己在高校中的学习经历和相关政策效果的评价相对就不那么高。国外研究者早就注意到这一点。即,虽然决策者认为倾斜扶助政策对当事者有利,但在当事者眼里,这些政策未必有什么明显效用。也许,社会弱势群体资优生与决策者对高等教育效用的看法有所不同。迄今为止,研究者对社会弱势群体资优生的高等教育效用认识所知甚少。

② 对于倾斜政策和资助农村资优生的政策,并非所有决策者、高校管理者和社会大众的认识均高度一致。访谈表明,有些高校管理者就明确表示,农村居民已经相当富裕,倾斜和资助政策并无必要。

社会的角度来看，该自我认识有着复杂的成因与积极功能的侧面。

（一）悲观论自我喟叹的现象描述

"小镇做题家"是 2020 年上半年最火的流行语之一，它是农村资优生的半自我调侃式的喟叹。这种感慨的看似突然迸发固然与 2020 年新冠大流行下的就业惶恐急剧增加相关，但其实已经模模糊糊在一流高校农村籍本科生中存在了很长时间。[①] 据说，该词源于豆瓣网站的一个社交群"'985'废物引进计划"。当然，其成员不仅包括"985"高校学生（含在校生和毕业生），也包括很多"211"高校的学生。[②] 这群人大都在学业或就业上遇到过不同程度的挫折，因而自称"985 废物"。进群就是为了分享人生中的失败教训或成功经验，教大家如何顺利脱贫，或者说叫做抱团取暖。[③] 本来"985 废物"似乎与"小镇做题家"没有任何关联，"做题家"一词早已有之，是社会对重点大学本科生除考试外好像一无所是和一无所长的揶揄。[④] 但是，在 2020 年的某月某日某时，大家突然发现，群里的诸多个体原来还有一个明显的共同点，那就是大都来自偏僻乡镇。于是，"做题家"与"小镇"相交相融，"985 废物"就逐渐等同"小镇做题家"了。当然，在社会大众的脑海里，二词应无任何区别。

网络上对"小镇做题家"有非常明确的界定，"小镇做题家"指的是，出身小城，埋头苦读，擅长应试，缺乏一定视野和资源的青年学子。靠着拼命刷题，挤进了一流高校。本以为进入一流高校从此平步青云，怎料进了大学才发现自己不仅泯然众人，而且与来自大都市同学相比，更有悬殊差距。毕业找工作时完全没有优势，

---

① 谢爱磊.精英高校中的农村籍学生——社会流动与生存心态的转变[J].教育研究，2016(11)：74-81.

② 由于进群似乎并无特别的正式限制，因此群内可能还会包括一部分其他类型的高校的学生。

③ 杨璐.小镇做题家：如何自立.三联生活周刊[EB/OL]，2020 年第 37 期.(2020-09-09)[2021-08-16].http://www.lifeweek.com.cn/2020/0909/54056.shtml.

④ 当前的"做题家"的社会内涵似乎与传统社会的"读书人"的社会内涵有些近似。在传统社会里，"读书人"需要成功进入仕途，否则白衣"读书人"即是一无所是的代名词。"读书人"的有用与无用的社会区隔简单而复杂。如《儒林外史》所述，在胡屠户之流的外人眼里，其间仅隔着一场仅仅持续数日的科举考试；但对身处其中的"读书人"而言，这却是一场横跨数十年的长途跋涉和前途未卜的人生冒险。

最后心酸地沦为"985 废物"。①

　　这里还需要说明网络上定义中的"小镇"与本研究中的农村之间的关系。"小城"主要指县城或县级市的市政府所在地,是当地县市整个社会、经济和文化的中心。来自"小镇"更确切地说是毕业于小镇的高中。若论"小镇做题家"的社会"出自",有些可能还不是县城小镇,而是比小镇更为闭塞的小镇下面的农村。县城下面实际上还有很多偏远的乡镇,这些乡镇过去曾扮演过偏僻乡村地区的政治、经济和文化中心,有些乡镇也设有高级中学。② 但是,现在县域的时空结构已经完全物是人非。置于宏观环境中历史地看,当前典型的中国县城或多或少有那么一些城市的气象,但很难说就是真正意义上的现代都市。如果以传统的户籍来区分,一个县市的城市户籍人口大约在总人口的 5% 至 10% 左右。但是,所有的县城目前却迅速扩张,一般容纳了全县整体人口的 30% 以上。从人口规模上而言,当前的县城实际上就是农村人的县城。当然,他们是农村中相对成功的部分人士,其中不乏因外出经商或打工而致富者。而且,在县城居住的城市户籍的人口,简单地上溯一代或两代,其实均出身农村。更值得关注的一点是,县城的城市户籍的大多数也是通过高等教育而成功实现了从农村向小镇的城市化流动。这对小镇居民后代的高等教育观和人生观的形成有着决定性的影响。另外,在很多时候,此语中的"小镇"并非实指地理空间上的小镇,而是虚指文化意义上的精神生活相对落后的农村。因此,"小镇做题家"可以说就是本研究的农村资优生。

　　(二)悲观论自我喟叹的本质探析

　　"小镇做题家"的自我喟叹包含了丰富的自我认识的内涵。从与本研究的关联来看,它是对精英高等教育城乡不公平的自我认识的形象性表述。不妨把上述"小镇做题家"的定义与本研究所分析的三类城乡高等教育不公平相对照,就更能看清二者之间的一一对应关系。"靠着拼命刷题,挤进了一流高校"对应着精英高等教育升学机会的城乡不公平,说明农村资优生需要倍加努力才能获得与都市同

①　新浪网."小镇做题家"已沦为"985 废物"? [EB/OL]. (2020 - 08 - 18). http://edu.sina.com.cn/l/2020 - 08 - 18/doc-iivhuipn9239027.shtml.

②　因此,有些"小镇做题家"在升入大学之前,每年能够到县城去的机会也就屈指可数。

龄人近似的一流高校入学机会。"以为人生从此平步青云,怎料到了大学才发现自己不仅泯然众人,与来自大都市的精英同学相比,更是有着悬殊的差距"对应着精英高等教育的过程质量的不公平。[①] "毕业找工作时完全没有优势"对应着优质劳动力市场对农村出身大学生的就业机会的不公平。

"小镇做题家"的自我喟叹也是一种清醒而综合的自我认识的初步形成,这种自我认识形成的直接影响因素是农村资优生参照群体的客观变化。升入大学之前,他们的比较或被比较的对象是身边同样出自乡镇但能力平平的同学或朋友。但是,升入一流高校之后,他们的比较或被比较的对象急剧扩大,一变而为来自五湖四海、尤其是大都市出身的同学。且不说大都市同学,即使同为"小镇做题家",其学业也客观地分为多个社会档次。本节第二个问题所述的"寒门贵子"即为较高档次。但是,大部分"小镇做题家"几乎无法成为"寒门贵子"。

"小镇做题家"自我认识的形成并非完全消极,它具有多重的积极功能。对农村资优生而言,它其实是在自我定位的探索、变化、相对化和成熟过程中的观念变化的一种真实流露。它表明了农村资优生逐渐理解并开始接受了社会结构的内在真实及其赋予自身的边缘精英的客观定位。现代社会结构体系客观要求大部分农村资优生能够理解现代绩能原理,并能于该体系中精确定位自我,学会把握"不平"与"躺平"之间的微妙平衡,能够坦然面对挫折,接受某种程度的"失败者"地位。"小镇做题家"自我认识形成乃是大都市化的第一步。

但是,如果与农村的大多数同龄人相比,"小镇做题家"仍是绝对的成功者。"小镇做题家"能够跳出"农门"绝非易事,其来自家庭的贡献居功至伟。整体而言,如前所述,在当地农村,"小镇做题家"的原生家庭也并非属于入不敷出的社会

---

① 高等教育过程不公平的影响因素非常复杂,仅仅局限于本科四年时间来看,其中,既有教育者(即高校和教师)一方因素的影响,也有受教者(即农村资优生)一方因素的影响。同样质量的教育教学措施在农村学生身上产生的效果可能不同。另外,如果从更为长期和比较广泛的视点来看,本科教育教学的最终效果还受到学生入学前的学业准备和专业课程外学习活动的质量的影响。而在这两个方面上,农村资优生整体上显然处于相对劣势。然而,除去专业课程教学活动之外,高校实际上能够有效控制和高度调节的教学过程质量的影响因素却非常有限。因此,当本科专业教学和学习活动在本科课程体系中的地位越来越相对化时,高等教育过程质量不公平的程度就会越高。

阶层,经济层面与国家认定的绝对贫困线完全无缘。除去乡村教师家庭之外,"小镇做题家"的原生家庭还有乡镇干部和乡镇医生等相对上层的家庭以及长期经营商业的农村富户。整体上,原生家庭在农村社会中的相对地位与预期职业在都市中的相对地位之间其实也不存在本质的差异。

　　当然,在"小镇做题家"队伍里,确实也有极少数纯而又纯的农家子弟。也就是说,上溯三代甚至五代,其家族内都可能无法找到一位非农人士。似乎按照教育学者推崇的个体差异原则,可以把这样的"小镇做题家"归为天赋异禀之人。其中,也可能有极少数来自超级贫困家庭。比如,其博士论文的致谢最近在网上红火起来的那位博士。① 若仔细考察这类名副其实的"小镇做题家"的人生经历,不难发现在可能存在的个人天赋之外,其学业成功背后的诸多社会因素的重要影响。首先,父母有着出外求学或打工等长期观察和接触外面世界的丰富经历,一般均接受了比较完整的初中教育甚至高中教育,因而自身文化程度较高和高度重视子女教育,并能够和愿意为之开源节流:想方设法辛苦挣钱和超级节衣缩食。② 其中,有些"小镇做题家"的父母对子女教育的全面奉献已经超出了我们这个社会的常人难以想象的程度。其次,在漫漫求学路上,碰到过许多无私地伸出援手的"贵人"。这些"贵人"从各方面无微不至关怀和经济上资助他们。其中,主要是教过他们的中小学的教师。③ 在访谈对象身上,这些特征二者至少必居其一。这类"小镇做题家"从纯粹农家子弟到一流高校本科生的过程实质是个体的社会

① 新浪新闻.博士论文致谢意外走红,黄国平是这样一步步走出来的[EB/OL]. (2021 - 04 - 23)[2021 - 08 - 20]. https:// news. sina. com. cn/ s/ 2021 - 04 - 23/ doc-ikmxzfmk8442111. shtml.

② "小镇做题家"的父母这样做的内在动机与外部影响因素均值得深入而系统地实证研究。初步观察表明,文化程度较高并不是唯一的因素,其对周围世界的不满也是重要因素之一。这种不满极可能因为受到了周围社会的某种极度不公正的待遇。当然,其能够认识到这种待遇的不公并采取对抗行动仍然是较高教育程度在其中起到了重要的推动作用。这种对抗不是直接地反抗近邻社区的等级体系而是倾注心血于子女教育之上,让子女能够成功走出身边的农村社会。最后,在当下的农村中,较高的文化程度如果不能带来直接的经济利益或社会地位提升(主要是成为公职人员),掌握文化反而更有可能成为乡村居民嘲笑的对象。这种情况一如鲁迅塑造的传统社会中的"孔乙己"形象。

③ 自古以来,发现寒门才俊并自发积极培养就是中国乡村教师阶层客观上发挥的重要社会功能。对乡村教师队伍建设的这一重要的社会作用,目前我国学术界相对较少关注。

属性的根本性转变过程,它不能轻而易举地发生。其实,如此成功的社会机制长期存在。研究者曾概括如下。

> 一个农村家庭如果企图生活稳定并且获得社会声望,唯一的出路是读书做官。然而这条道路漫漫修远,很难只由一个人或一代人的努力就能达到目的。通常的方式是一家之内创业的祖先不断地劳作,自奉俭约,积铢累寸……这一过程常常需要几代的时间。经济条件初步具备,子孙就得到了受教育的机会。其中,母亲和妻子的自我牺牲,在多数情况下也为必不可少。所以,表面看来,考场内的笔墨,可以使一代清贫立即成为显达,其实幕后的惨淡经营则历时至久。①

当然,随着时代变迁,这条中国社会的内在原理的外在形式还是有所变化的。比如,农家子弟读书后的就业出路不再只是做官。但出路多样化及其不确定性也是重要的困惑源。②

## 二、乐观论的幻像与真实

乐观论集中体现在"寒门贵子"这一概念的出现与流行上。与"小镇做题家"完全相反,"寒门贵子"则是另类农村资优生的人生叙事。它是卓越和成功的英雄赞歌,带有农村资优生自我神话的色彩。而且,它同样有着复杂成因与客观功能。

（一）乐观论的英雄幻像与文化理念

"寒门贵子"论的核心是底层文化优势论。底层文化优势论认为,在社会底层里,有一种与上层文化截然不同的文化存在。受这种异质文化的熏陶,底层个体天生具有一种生生不息、努力向上的文化力量。③ 这种文化力量能够让寒门子弟冲破社会经济不利地位的藩篱与制约,最终获得学业上的"鲤鱼跳龙门"和职业选

---

① 黄仁宇.万历十五年[M].北京:生活·读书·新知三联书店,2015:248-249.
② 代玉启,李济沅."小镇做题家"现象的透视与解析[J].中国青年研究,2021(7):89-95.
③ 程猛,康永久."物或损之而益"——关于底层文化资本的另一种言说[J].清华大学教育研究,2016(4):83-91.

择上的"出人头地"。

底层文化优势论尤为符合传统文化的理念。传统文化认为,这种苦难并不是苦难,更不是物质意义上的苦难,而只是"成大事者"即"贵子"在成长过程中必须经历的精神磨炼。元明清以来,科举考试必读的儒家经典《孟子》中有句"故天将降大任于斯人也,必先苦其心志,劳其筋骨,饿其体肤,空乏其身,行拂乱其所为,所以动心忍性,曾益其所不能"。举凡科考成功者无不奉之如圭臬。即便一般读书人,也是对"自古雄才多磨难,纨绔弟子少伟男"的诗句深信不疑,至于广大民众的观念就更不必说。在脍炙人口的豫剧《铡美案》与黄梅戏《女驸马》等民间传奇中,哪个状元不是出自平民之家? 尽管实际很少如此,哪怕仅是考中秀才。"寒门"与"贵子"之间天然蕴含某种不和谐的社会张力,一般而言,"贵子"不可能出自"寒门"。这就进一步渲染了贵子成长的戏剧色彩,使之神话化。

（二）乐观论幻像背后的客观现实

从现实出发,对"寒门贵子"论有两点需要高度关注。第一,作为出自点的"寒门"的界定。第二,作为到达点的"贵子"的界定。否则,就极有可能产生理论上的归因错位。

首先,分析其中的"寒门"之意。一方面,仅仅从人才选拔这一点来看,现在的高考与历史上的察举、九品官人法和科举作为社会制度的本质高度近似。"寒门"的意义则随选拔制度变迁而时有变化。"寒门"本来专指九品官人法盛行时代与世家大族相对的门第势力较低的世家,也叫庶族。在元明清的科举时代,与政府中的官僚集团相对,"寒门"主要指乡村中的中小地主。① 在这个意义上,两千多年来,"寒门"也是社会统治阶层。另一方面,如果仅仅局限在农村范围中观察,则中小地主毫无疑问是农村社会的绝对上层。进入现代以来,"寒门"之意被泛化,引申为贫民阶层或家境贫寒的家庭。这自然是社会进步和民主范围扩大的有力象

---

① 从纯粹的理论研究的角度来看,这里的中小地主不包括退休返乡的中高级官僚。在中国传统社会里,从官僚经历对个体和家族的社会经济地位的提升程度来看,县令或相当级别的实职人员均宜视为中高级官僚。这个级别及以上的官僚大都在家乡购置较多良田或能够较大规模地置业(以建房、修谱和修建或修缮宗族祠堂为标志)。中小地主主要指家主在人生经历中基本上无职无俸而坚守薄田度日的耕读之家。

征,至少是观念在语言上的反映。但是,理论上,其中的"寒"与"门"必须分开来独立地看。其潜在意义上,"寒"指当下经济状况窘迫;"门"则暗含其人有能力、有文化和有品位,必定不会久居人下。因此,用"寒门"指称范围广泛的现代农家子弟并不十分合适。不过,如果考察"寒门贵子"论在当前出现的社会环境,就发现这里所谓的"寒门"确实也多是农村中的上层。如前所述,农村社会并非铁板一块或高度均质,经济、社会与文化等侧面也存在明显分层。比如,最近出现一本影响极大的关于一流高校农家子弟的学术著作,其题名为《"读书的料"及其文化生产——当代农家子弟成长叙事研究》。该书主人公"我"的母亲是乡村民办教师,①小学教师无疑处于乡村文化等级金字塔的最顶端。在乡村社会的家庭中,如果女方为学校教师,男方的社会经济地位则可想而知。相较于城市同龄人,乡村孩子最缺的不是经济资本和社会资本,而是文化资本。② 拥有一位教师作为母亲,让书中的"我"不知不觉间具有了不逊于城市同龄人的文化资本和学校教育竞争优势。而且,研究者一般认为,知识分子是统治阶层的一部分,不过,是其中的下层。③ 作为知识分子阶层的有机构成部分,具有相当人口规模的乡村教师就成为统治结构等级体系的存在和运行的坚实基础。因此,在意识形态和文化观念上,乡村教师和一流高校教师并没有本质区别,尽管二者的社会经济基础和在社会经济结构中所处的社会地位相距甚远。另外,乡村教师的文化地位与社会经济地位之间的非均衡状态,也是其子弟努力扩张自有的文化优势、愿意长期苦读的内在动力。因此,"寒门贵子"本质上不过体现了文化精英从阶层体系的底层向中上层的同质性社会流动。其流

---

① 程猛."读书的料"及其文化生产——当代农家子弟成长叙事研究[M].北京:中国社会科学出版社,2018.
② 这里不是说,乡村学生与城市同龄人的经济资本、社会资本大致相同。这里想表达的核心观点是,乡村学生尽管也缺少经济资本和社会资本,但是相对更缺少文化资本。而且,经济资本和社会资本的困乏的制约性可以通过省吃俭用等消费行为一定程度地抵消,但是文化资本困乏的制约性却无法有效地消解。
③ [美]爱德华·W.萨义德.知识分子论[M].单德兴,译.北京:生活·读书·新知三联书店,2011:44-59;[法]布尔迪厄,P.文化资本与社会炼金术[M].包亚明,译.上海:上海人民出版社,1997:79-91.

动的客观难度其实并不大,不存在所谓的语言"符码不同"的根本性问题。[1]

其次,再分析其中的"贵子"之意。"贵子"之"贵"本来应该是指"寒门"之子的社会上升流动到达点的"贵"。"贵子"则是"寒门"之子因为将来所就职位之"贵"而现在潜在地"贵"。但是,当"寒门"与"贵子"连在一起的时候,其中的"贵"不知不觉就发生了某种转义。关键转义之一至少是,核心意义变为专指"寒门"之子的过人的天生素质。因为他们素质过人,所以将来必定社会成功。这样一来,"寒门"出"贵子"为天生之质和命定之分。其背后的社会、经济和文化因素的综合影响就一定程度地被忽视或掩盖了。

最后,还需注意"寒门贵子"论提倡者的社会身份。从"出自"看,他们大都是农村资优生;从社会流动的上升结果来看,他们大都是相对较为成功者:一流高校的教师。因此,"寒门贵子"论从另一个侧面也可以解读为准精英的自我陶醉。出自和到达的形式的异质掩盖了本质的近似。当然,对维护社会正常运转而言,这部分人社会成功的客观存在尤为重要。

## 三、如何理解二者的对立与统一

从数量上看,不可否认,作为个别现象,在学业上和就业上极为成功的农村资优生确实一定数量地存在。但是,这些"寒门贵子"的数量若与暂时遭遇学业和人生天花板的"小镇做题家"的较大规模相比,实在微不足道,统计上可以忽略。因此,二者是明显对立的。

二者对立具体地体现出了农村资优生出自的社会分层、社会上升流动的分层以及前者对后者的明显制约。在农村资优生群体中,沿着社会主流文化推崇的绩能原理统制的人生路径,最终实现了社会上升流动的只是数量极少的最优群体。调查表明,"寒门贵子"仅占农村资优生的5%左右。其比例因高校类型和专业类

---

[1]　Basil Bernstein. Class Codes and Control ( Vol. 3 ) [ M ]. Routledge and Kegan Paul:1975:116 – 156.

型而不同,但最多不会超过 10%。[①]

如果把农村资优生中的"小镇做题家"和"寒门贵子"与本研究第四章的分析相对照,"寒门贵子"就相当于理想状态下的 $R_3$。他们没有受到城乡高等教育不公平的任何不利影响。有时候,他们甚至表现得比大都市同龄大学生更为优秀一些。大部分"小镇做题家"则相当于受到了城乡高等教育不公平影响的 $R_3$,因为受到了不同类型和不同程度的高等教育不公平的影响,所以最终就形成了社会特征多样化的"小镇做题家"的不同子群体。

但是,在社会功能上,二者又是高度统一的。"寒门贵子"来自"小镇做题家",从外部来看,二者就是同一个社会群体——农村资优生。但是,对于整个社会发展来说,农村资优生的最终分化与形成两个群体均不可或缺,"寒门贵子"不断为国家层次的精英阶层补充新鲜血液。其结果就能够预防社会核心领域的精英过度自我繁殖和阶层固化及由此而导致的领导意愿、能力的大衰退;改变政治精英出自阶层的构成;增加经济和科技等生产领域的精英构成的异质性,提高创新活力。[②]"小镇做题家"群体则为核心生产部门(包括基础教育)提供了高质量劳动力,也为基层行政部门培养了大批优秀领导人。

## 第二节　农村资优生的自我定位与未来选择

在 2020 年,中国高等教育毛就学率高达 54.4%。[③] 根据国际上主要发达国家

---

① 皮埃尔·布尔迪厄认为,法国农民中大约有 15% 左右的上层具有进入高校读书的各种"潜能"(参见,[法]皮埃尔·布尔迪厄,[法]J.-C. 帕斯隆.继承人——大学生与文化[M].邢克超,译.北京:商务印书馆,2021:3-34。
② 徐国兴.大学生资助体系完善策略探析[J].教育发展研究,2018(1):14-18,68.
③ 中国政府网.2020 年全国教育事业统计主要结果[EB/OL].(2021-03-01)[2021-08-20].http://www.gov.cn/shuju/2021-03/01/content_5589503.htm.

的高等教育发展趋势来预测,①这个数字今后肯定会越来越高。随着高等教育普及化的深入发展,越来越多的农村资优生将为时代潮流所携裹,而卷入到"小镇做题家"的队伍里来。② 尽管他们有机会慢慢地意识到了自己"小镇做题家"的社会阶层的特殊性,但是未必完全理解与把握这属性对自己的人生与未来以及社会的意义。对此,简单谈三点看法。

## 一、"勿忘农家"的基本定位

网络上有很多人现身说法,云云:"小镇做题家"只有忘记了——或者更准确地说告别自己的"小镇做题家"的身份,才能取得个人进步和获得社会成功。对此不敢苟同,原因如下。

出身是人生出发的起点,也是物质基础,抛弃物质基础就意味着空无所依。对于人生成功,重要的不是抛弃孱弱的出身基础,而是认清该基础何以孱弱的特质和充分从中汲取养分,即理解从该基础上出发的最大可能性。因此,一方面,农村资优生必须永远牢记自己曾经"小镇做题家"的社会身份。也就是说,绝不能忘记自己曾经的一穷二白的根基,而迷恋甚至迷失于外部世界的流光溢彩和奢侈浮华。当然,农村资优生也可以追风赶潮。但是,这个追赶风潮主要应该是把自身投之于社会发展的历史进展之中,以牺牲小我来成就大我。他们实际上永远不可能学会、也不可能得心应手地使用都市追风少年的那种方式。

另一方面,绝对不忘记过去绝不意味着就是耽迷于品味过去的"苦难",自怨自艾而无法自拔。牢记过去的"苦难"必须与对"小镇做题家"身份的冷峻审视、深刻反思和积极补缺有机地结合起来。只有在人生发展的连续历程中,把过去的经历相对化才能真正地牢记过去。也就是说,必须在"小镇做题家"上有意识地增加

---

① 高文豪,崔盛.普及化阶段高等教育层次结构调整的国际借鉴[J].大学教育科学,2021(1):111-119.

② 马丁·特罗,徐丹,连进军.从精英到大众再到普及高等教育的反思:二战后现代社会高等教育的形态与阶段[J].大学教育科学,2009(3):5-24.

某些更有价值的东西,成为"小镇做题家[+]"。否则,就难免会以"小镇做题家"的蛙式自豪夹杂某种愤愤不平而终其一生。[①]

## 二、"社会理想家"的远大目标

在"小镇做题家[+]"的"[+]"中,首先需要树立作为"社会理想家"的远大目标。当然,这个社会理想不是谋取高官厚禄或指点江山之意,而主要是指培养作为社会精英的理想社会心态。这种心态包括积极面对社会的不完美和争取尽可能奉献社会两个核心侧面。

与农村出身的同龄人相比,农村资优生幸运地进入一流高校,成为"天选之子"。一流高校本科毕业生事实上几乎等同于社会精英的后备军。当前,世界各国均是如此。培养"新型社会精英"是社会结构体系选拔农村资优生并给予优渥待遇的唯一具有社会正当性的客观理由。[②] 与此相应,农村资优生只有充分意识并自觉担当应该承担的社会角色,自身在将来才能获得精英式的社会对待,包括社会经济回报,即社会地位提升和经济收入增加。

"社会精英后备军"这一身份对农村资优生个体发展有两方面的价值。一方面,这

---

① 这里的观点的核心是农村资优生如何选择个体行为的"参照群体"。"参照群体"概念是罗伯特·默顿的中观社会学理论中的重要概念(具体参见,[美] 罗伯特·K. 默顿.社会理论和社会结构[M].唐少杰,齐心,等,译.南京:译林出版社,2015:385－452)。"参照群体"决定个体行为的基本框架。人们在面对未来和未知等具有较高风险的行为决策时,总是有意无意地仔细观察并模仿"参照群体"在这种情景下将如何进行行为选择。"参照群体"未必是当下实际存在的社会群体。比如,《阿Q正传》中的阿Q总是说:"我们先前——比你阔的多啦!你算是什么东西!"这里的阿Q显然把想象中的列祖列宗作为了自己日常行为的"参照群体"。尽管从局外人的角度来看,似乎有点可笑,但是,实际上却高度合情合理。也许大部分人常常都在这样行为,只是不自觉而已。对于"参照群体"的重要性与必要性,心理学者多有实证性的分析与解释。其中之一是社会心理学者的"重要他者"理论。其二是社会心理学者的替代性经验理论。

② 如前所述,对于面向农村资优生的倾斜政策,并非所有人均持支持态度。其他各国也是如此(参见,Andrews R, Imberman S A, Lovenheim M. Recruiting and Supporting Low-income, High-achieving Students at Flagship Universities[J]. Economics of Education Review. 2020, 74(1):1-19)。因此,农村资优生的努力成果与政策目标的相契合程度是决定该政策能够延续与否的重要因素。

表明,只要农村资优生保持正常状态不掉队,至少能够获得使自己未来丰衣足食的社会地位,即具有了"躺平"也能进入"小确幸"状态的资格或资本。如果更加努力和多些幸运,步入"寒门贵子"之列也不是完全没有可能。另一方面,"后备军"和"正规军"之间存在着本质差异,从"后备军"到"正规军"的转正是一个相对漫长的成长过程而非瞬间的礼仪性的时刻。该过程充满艰难困苦,需要个体不断付出,持续保持超人努力才能完成。

## 三、"人生努力家"的奋斗姿态

具体而言,"转正"即指从"小镇做题家"的薄弱起点到"社会理想家"宏大目标陶冶与内化完成的过程。这个过程既是农村资优生的个体属性扩张与社会结构影响的不断互动的过程,也是个人学习发展、学校教育赋能和环境影响默会的交互融合的长期过程。该过程表征在结果上,就是农村资优生需要在"小镇做题家"属性之上添加出无数个"+"来。

为了在"小镇做题家"之上不断加"+",农村资优生就需要在进入大学后的专业学习上和人生旅途中一直保持高强度努力向上的姿态。当然,要求一直努力也不否认有时候可以相对慢下来,但是慢下来却不意味着完全停下来;即使有时候必须暂停休息,但是暂停不能过长;而且,也不能因为暂停休息就一下子迷失了目标。农村资优生的社会定位在整体上必须是一副"人生努力家"的正面形象。这是社会发展对农村资优生群体的客观要求,是农村资优生必须肩负的历史重任。尽管在清高者眼里,该形象也许略显刻板或世俗,其生活也许平淡无味。顺带而言,清高或愤世嫉俗均不是农村资优生应该具有的核心品质。①

---

① 如果读者从这段话里仅仅读出了空洞的说教的色彩,那说明这个段落对本意的表达并不充分。为了避免这种可能性,在注释里再进一步现实地说明如下。客观而言,人类的所有的行为或活动的回报——或者称之为"成功"——都需要成本或者叫做投入,因此才有"天下没有免费的午餐"这句话。成功的高或低取决于投入的质与量。投入受到自有资源的内在性质的高度制约。当外部条件基本恒定时,自有资源的内在性质的优劣只有通过相对优势才能得到衡量。与都市出身的同学相比,农村资优生的相对优势在于"努力"。也就是说,农村资优生即使付出大量的"努力",但其所付出的机会成本实际上也非常有限。

　　总之,牢记现实的苦难与不完美。与此同时,也应该培育理想的宏大与高尚。① 在世界的现实状态与理想状态的无限对立中,完成自我定位和人生发展的高度统一。这样的人生成长过程完全可以用鲁迅的自画像"吃的是草,挤出的是牛奶和血"来形象地表达。②

---

① 秦春华.为什么上大学[EB/OL].[2021-09-04].https://www.sohu.com/a/487765282_475956.
② 在某种意义上也可以说,鲁迅正是那个时代的农村资优生群体中的典型代表之一。

◆ 第六章
# 几点延伸思考

上述各章主要围绕高等教育，尤其是精英高等教育对社会公平的促进作用，并试图从不同角度展开综合性的分析。在此基础上，本章适当拓展，试图从理论上反思，争取较为系统地把握以下各点：现代社会的社会结构体系与社会公平（第一节）、高等教育公平与精英高等教育公平的内在关系（第二节）、公平原理中的世界普遍性与中国特殊性（第三节）。

## 第一节　社会结构体系中的阶层与公平

本节总结和分析社会结构体系、社会阶层划分和社会公平判断三方面的理论观点。

### 一、社会结构体系

理论地分析社会必先界定其存在的物理范围。本研究中的社会指国家层次上的现代社会。放眼世界，无论国之大小，这样的社会无不包括了规模较为庞大的形形色色的人口个体。在现代社会里，不同的个体之间均以某种方式相互关联，尽管关联的程度可能有所不同，这种个体关联的结合体就是社会体系。由于不同个体在社会体系中具有不同的社会位置，这就使社会体系呈现为具有一定独特形状的近似立体空间的社会结构。[①] 因此，在理论分析中，社会体系、社会结构和社会结构体系三个概念的内涵之间并无本质的区别。

---

① 与物理空间有所不同，社会体系的空间结构属于建构概念。当然，在后现代主义理论者的视线里，物理空间也只是某种主观建构的形式。不过，如果这种心理建构概念能够为该社会的大部分个体所共有或者说至少共感，它就可能逐渐转化为社会意识，上升为意识形态，沉淀为历史文化，具有客观性。

现实的社会体系均具有一定的等级性。在不同的现代社会之间,社会体系等级的表现形式会明显有所不同。有些社会的等级阶梯相对较少,因而整个结构显得较为扁平;有些社会的等级阶梯相对较多,因而整个结构显得比较陡峭。而且,不同社会的等级之间的跨越难度也不尽相同。有些社会的等级跨越较为容易,有些社会的等级跨越较为困难。有些社会的某些等级跨越较为容易,而其他等级跨越较为困难;有些社会的所有等级跨越都较为困难或较为容易。从根本上而言,这些均是地理环境和历史文化传统的综合影响的客观结果,自然无所谓优劣。

社会体系具有鲜明的历史阶段性。布莱恩·特纳(Bryan Turner)认为,在现代与传统之间,社会体系特征的差异相对比较大。[①] 当然,不同研究者对二者的核心差异的概括不尽相同。本研究的主要关心点则在于,社会结构等级的稳定性与流动性之间的平衡。与现代社会相比,传统社会的主要不同点体现在:第一,游离于社会体系之外的个体数量较多;第二,社会体系的等级结构距离外形规则的金字塔形比较远,多呈不规则形;第三,等级跨越难度较大,其中,从非精英阶层到精英阶层的社会地位的转变几乎为不可能事件。

社会体系的开放性。社会体系的开放性包括两部分:体系内部的开放性和体系外部的开放性。体系内部的开放性与本研究的公平性或流动性实为同义语。体系外部的开放性是某个国家层次的国际体系的融入、参与和影响的实际程度,以及与异质性社会体系的兼容、互动和相互影响的程度。随着经济生产和人类生活的全球化,政治全球化的必然性逐渐趋强。对国际治理的合理与有效的方法的追求已经成为当下国内外理论研究的重要课题,[②]也就是说,社会体系的外部开放性变得越来越重要。一个体系的两种开放性密不可分,相互影响。如果相对缺乏内部开放性,则外部开放性几近奢谈;如果没有较高的外部开放性,则内部开放性也必不完善。比如,在我国高等教育领域中,长期以来,大量的不同层次与类型的

① 何怀宏.世袭社会[M].北京:北京大学出版社,2011:1-7.
② 陈志敏.国家治理、全球治理与世界秩序建构[J].中国社会科学,2016(6):14-21.

海外留学客观上极大地促进了国内的高等教育公平。最近国内出现了流行语"内卷"一词，其流行显然与国际环境欠佳之间存在某种必然的联系。在文化意义上，中华民族自古就拥有天下全局的阔大概念。自远古以来，儒家"格物致知修身齐家治国平天下"的信条就生动地体现了其精神内嵌的"人家国世"一体的世界大同观。尽管因为交通工具和通信手段的极端局限，传统社会的"天下"与现代社会的"天下"的地理空间范围有明显的不同，但是，在传统历史的长河中，文化理念与政治现实异步的时刻却相对较多。

## 二、社会阶层划分

近代以来，社会观察和分析的方法不断发展与完善。在这个方法不断科学化的渐变过程中，研究者发现，虽然芸芸众生看似无一点相同，但其实可以根据某些标准归为更大的范畴。以地区分类为例，某地区的人口之间确实存在着某些明显共性，而不同地区的人口之间则存在着某些明显差异。比如不同地区拥有的自然资源储存量就有明显不同，再如网络上流传的地区鄙视链就体现了社会形象的地区差异。因此，社会阶层划分具有相对主观性。该主观性可能与客观较接近，也可能与客观距离较远。当然，笔者对这种社会阶层分析的"化约法"持一定程度的保留态度。

在众多的社会阶层划分的标准中，研究者往往选择职业作为基本指标。在传统社会里，大都是子承父业并几乎整个生涯从一而终。因此，研究者这样做自然没有任何理论上或实践中的不适合的问题。但是，在现代社会里，以个体的职业作为阶层划分的标准就存在一些明显的理论或现实上的问题。这一方面是因为现代职业之间本就难以科学地比较，另一方面是因为职种变化剧烈和职业流动加快的影响。与此相比，使用工资收入来划分社会阶层就不存在类似的问题。当然，使用工资收入作为社会分层指标会产生另外的问题。比如，如果政府给予全民人均补贴 10 000 元，则该政策对于富人与穷人的实际意义显然根本不同。但使用收入作为指标至少不会再产生形式或技术上的操作问题。①

社会阶层的等级划分具有较强的主观性。有时候，它可能仅具有统计意义或理论分析意义，未必能够真正描述社会体系的实际结构状况和把握其内在特征。比如，当下的某些颇具影响的调查研究动辄以数万甚至数十万大学生为对象，但是，在具体分析时，却以家庭背景作为指标，把这些大学生划分为简单的几大类。这样一来，其分层结果可能也只能停留在理论研究的层次上。这也是笔者怀疑社会阶层的统计分析结果的客观性的重要原因。

## 三、社会公平判断

在一个社会体系中，不同个体之间存在差异，不同阶层之间也存在差异，如果把这种差异视作社会不公平的基本指标，则可以说社会不公平无处不在。因此，从绝对意义上，对于理想主义来说，现代社会也是不公平的。但是，从相对意义上，对于现实主义者来说，还要检查上述的社会差异的程度大不大，然后根据该差异的程度大小来判断这个社会是否公平。当然，有时候，还应该兼顾该差异产生的客观原因。不过，多大的社会差异才是可以允许的，却没有明确的外在标准，极容易为某时某地的社会情绪所左右。

与此同时或正因为此，对社会不公平的观察需要转变视角或者尽可能采取多重视角。

首先，从纯粹的静态观察转向静态基础上的动态观察非常必要。动态观察就是判断不公平社会在一段时间内的变化，即不同社会阶层之间的流动性。有些研究者认为，如果动态地看，在相对较长的一段时期内，大部分现代社会的社会阶层之间的流动性均较高。② 当然，流动性在不同社会阶层中也不相同。如果把现代

---

① 在现代社会里，对于某社会的大部分人来说，收入(尤其是其中的工资收入)是最有实际价值的社会分层的关键指标。对于社会下层来说，客观上就更是如此了。故本研究认为，收入是最合理的理论上的社会分层指标。当然，在研究实践中，使用收入进行分层也存在多方面的操作上的困难。

② 张维迎.市场的逻辑[M].上海：上海人民出版社，2012：31-54.

社会大致分为上层、中层和下层三个社会阶层，一般而言，从下至中的流动相对多一些，从中至上的流动相对少一些，从下至上的流动则更少。而且，在同一较大范畴的社会阶层之内也存在很多下位阶层的区分，这些阶层之间的流动较为频繁。更重要的是，下层之内可能本来就没有什么明显的下位阶层的相对区分，自然时常处于较高水平的流动之中；中层之内的阶层区分相对较为明显一些，但是其流动也非常频繁；上层之内的阶层区分不仅明显且严密，因而其阶层内流动就显得非常小。尽管社会上升流动，尤其是自下至上相对少一些，但是在现实中也比想象中的要频繁一些，而且形式和程度多样化。所以，本研究主要关心从下层至上层的社会上升流动，这种社会流动的阻碍较大。

动态观察某社会的下层至上层的社会流动，不仅其流动程度，其流动手段也非常重要，即下层如何实现了达至上层的社会流动。一方面看，毫无疑问，在现代社会里，高等教育，尤其是精英高等教育历练不仅是上层自我再生产的最重要手段，也是中下层得以流动至上层的最重要手段。从另一方面看，也可以说，非经高等教育的社会精英流动的比例如果过高，则该社会的现代性就值得外界怀疑。当然，这种情况主要出现在政治经济体制的混乱或动乱时代。

其次，在观察下层至上层的社会流动中，在综合采取诸多理论视点之外，适当增加一些局内人的视点来观察现实也非常必要。局内人视点要求准确把握和理解中下阶层对社会上升流动的基本看法。如果研究者不能做到这一点，轻易下结论则很容易陷入片面或主观的危险。[①] 如果决策者忽视了这一点，相关政策的实际效果则有可能适得其反。

---

① 我有过一次印象深刻的访谈经历。在一次以一所普通本科高校的师生为对象的集体访谈调查中，调查对象曾经被我的提问所激怒。我的提问的核心内容是："你们对重点大学本科生中的农村学生比例过少怎么看？"事后，在深入了解之后，我逐渐明白了他们不高兴的主要原因。在他们看来，考上什么样的高等学校完全由高考分数决定。高考分数主要取决于个人能力、努力和考试时的临场发挥。这里面根本不存在什么高等教育公平不公平的问题。具体到本研究，局内人视点还具有从下往上观察社会宏观体系的重要意味。但是，理论研究中的局内人视点与局内人立场则完全不同。即，研究者采取局内人视点未必意味着研究者必须站在局内人的立场上分析，甚至下结论。后者容易引发不必要的同情心，最终就对研究的精度和深度可能会产生妨碍。

## 第二节 社会公平中的高等教育公平与 精英高等教育公平

本节从普遍意义上的高等教育公平的社会功能出发,论述普及化时代的高等教育公平的多重形式,并重点分析普及化时代的平民资优生阶层与精英高等教育公平。

### 一、高等教育的社会功能

现代高等教育具有多样化的客观的社会功能。对这些功能存在多种理论观察角度,从其对社会公平的促进的角度来看,它是社会资源再分配的重要手段和结构中阶层冲突的调节器。但是,不同理论对其社会公平促进功能的认识也不完全相同。其中,长期以来,主要有两种在核心观点上明显对立的理论认识:结构功能主义理论和冲突理论。

结构功能主义理论以近似人力资本的理论认识为核心概念,建构了社会和高等教育之间的互动模型。该理论的基本观点如下:现代社会存在和发展的核心动力是科学技术的出现、发展和普遍应用。社会体系的发展水平主要由个体掌握科技和运用的能力高低而决定,个体的科技运用能力不可能通过遗传继承而来,也无法在家庭或工作中零碎地获得,而只能通过学校教育,尤其是高等教育的系统培养才能实际获得。这样,高等教育获得的类型和程度就成为个人能力的最佳代替指标。社会上的各行各业只要各取所需,大量雇佣不同类型和不同程度的高校毕业生,就能够最大限度地提高生产率或工作效率。与此同时,个体也根据其技能获得相应的社会经济回报。

与此相对,冲突理论则认为,社会体系由具有不同文化的身份集团构成。不同身份集团拥有不同的系统的价值观,接受高等教育是获得中上层的相应身份文化和价值观体系的基础,没有能够进入高校接受教育的个体则只能从事一些体力性劳动工作。进入高校,尤其是精英高校学习需要较好的文化基础知识,个体对文化基础知识的掌握程度与其出身阶层密切联系。这样一来,高等教育实际上就成为社会体系中的等级阶梯再生产的御用工具。①

理论往往是高度抽象的,自然而然就会超越于现实之上。实际上,任何一个现代社会在整体上其公平机制均处于两者之间,既非前也非后。一般而言,发展水平越高,社会就越接近功能理论所描述的基本状态。在同一个社会里,现代化水平越高的部门,其基本运行就越符合功能主义理论的观点。从这个角度来看,功能主义理论对社会的描述仅是理想状态,并非现实。因此,各级政府应该持续不断地努力,通过制定政策,促使社会向着这个方向逐渐发展。当然,其基本前提是这些政策客观上确实有效。这也是本研究对社会公平和高等教育公平的政策所持的基本观点,本研究称之为修正功能主义理论。

结构功能主义和冲突理论之外,也存在多种多样的理论观点,比如,脆弱资本或者象征资本理论、成功偶然理论和统计偏差理论。其中,脆弱资本理论认为,高等教育文凭在社会流动中的作用并没有传统理论所说的那么巨大,它的功能存在着未知性与不确定性。文化资本只有与经济资本和社会资本结合起来才能发生效用,这个观点里就暗含着两个方面的意思。第一,文化资本只有在经济资本和社会资本相对丰厚的个体手中才能实现其社会功能的最大化。第二,文化资本只有投入于经济社会的具体运行之中才会产生实际价值,否则就仅具有象征价值。比如,一位学习电子计算机专业的博士如果到初中成为数学老师,则其博士文凭

① 长期以来,研究者一般认为冲突理论与结构功能主义理论完全对立。但是,实际上未必如此。冲突理论中的"冲突"是指构成社会结构体系的组成部分之间的斗争或者叫做对抗。这包含两个方面的重大意义。第一,冲突理论也认为社会存在着一个相对完整的结构体系。相应地就有以下的第二点。第二,冲突是结构体系内的部分之间或局部性的对立。这个对立并没有紧张到各方必须你死我活的激烈程度。如果对立中的某一方完成胜利,那么这就意味着对方的消亡,同时也宣告了原有的整个社会结构体系的消亡。从这个角度来说,结构功能主义理论重在分析社会结构体系内的部分或局部之间的统一;而冲突理论重在分析社会结构体系内的部分或局部之间的对立。因此,把冲突理论叫做结构冲突理论也许更为合适一些。坚信社会结构体系的整体性和客观性是二者的共同之处,也是其与后现代主义的诸理论之间的根本差异之处。

的象征功能就远远大于实际功能。成功偶然理论认为，个体的社会成功尤其是程度比较巨大的社会成功往往由很多偶然因素决定，这些社会成功与个体是否接受过高等教育的关系不大。比如，某个体并未接受过任何形式的高等教育，而是从事劳动密集型的饮食行业，在某地开了一家饭店。本来，这饭店长期营业额平平，但是，某年某月某日，政府突然计划在饭店旁修建一家大型主题公园。待到公园开放之后，该饭店就顿时客流如潮，营业额瞬间翻了数倍，其人自然迅速发家致富。在经济高速增长时代，这样的例子并不鲜见，所以"暴发户"才有可能成为某个时代的流行语之一。统计偏差理论认为，研究者在审视社会公平与高等教育公平时，其基本思维是比例思维，[①]但是，社会公平与高等教育公平的实际变迁是在绝对数量层次上展开的。比如，研究者大多高度关注精英高校中的城乡大学生的比例。[②]但是，精英高校的学位数量的现实扩大则按照绝对数量的逻辑，也就是说，尽管农村资优生在精英高校中占比可能在缩小，但是绝对数量却可能在扩大。这些非主流或实际影响较小的理论观点也对本研究的理论体系的形成有重要贡献。

## 二、普及化时代的高等教育公平

高等教育公平及其对社会公平的促进功能并非固定不变，而是随时代变迁而明显变化。迄今为止，作为制度的高等教育发展大致经历了三个性质不同的历史阶段：精英、大众和普及，[③]当下世界的所有发达国家概莫能外，尽管不同国家的不同发展阶段的起止时间和发展速度略有不同。当然，高等教育发展也不可能孤立地进行，它总是会伴随着社会经济发展以及社会财富的相对平均化发展。三者发展的速度也可能不尽一致，甚至偶尔会严重脱节。

---

① [美] 费里斯·里奇.统计想象(影印版)[M].北京：北京大学出版社,2006：1-31.
② 刘云杉,王志明,杨晓芳.精英的选拔：身份、地域与资本的视角——跨入北京大学的农家子弟(1978—2005)[J].清华大学教育研究,2009(5)：42-59.
③ 马丁·特罗,徐丹,连进军.从精英到大众再到普及高等教育的反思：二战后现代社会高等教育的形态与阶段[J].大学教育科学,2009(3)：5-24.

在精英高等教育时代,尽管也存在精英(重点院校)、大众(普通本科院校)和普及(专科院校及各种成人高等教育机构)三类不同性质的高等教育机构,但是从社会功能而言,所有非精英类型的高等教育机构均被精英化,主要体现在,其毕业生均能够较为顺利地走向具有精英性质的工作岗位。① 这时候,就几乎不存在明显的高等教育公平问题。当然,就更不用谈精英高等教育公平的问题了。唯一潜在的公平问题可能是,会有极少部分大学生在支付学费上存在一定困难,尽管大部分国家实行的是免费或低费再加奖学金的基本学费制度。②

在大众高等教育时代,高等教育公平的问题就开始变得比较复杂起来。由于高等教育大众化的时期相对较长,因此需要分期讨论。这里暂时按照学术界的一般观点,把大众化时期具体分为初期、中期与后期。③ 大众化初期的性质与精英时期相仿,故这里不再赘述。大众化后期与普及化时期在性质上其实也难以完全区分,故将大众化后期的性质置于以下的普及化时期中分析。这里仅仅分析大众化时期中相对较长的中期的基本特征。在大众化中期之内,非精英高等教育机构,尤其是其中的大众化教育机构的数量急剧增加,而且该类机构的整体规模快速膨胀。与此学位的大量增加相对应,中产阶层的子弟大量走进大众化高等学校,同时也有少量开始进入精英高等教育机构。社会下层子弟占据了专科类的普及高等教育机构,进入大众类高等教育机构中的人数也逐渐增多,偶尔还能够幸运地进入精英高等教育机构。一部分经济困难大学生无力支付高额的学费开始成为具有最高舆论关注度的高等教育问题。与此同时,中下阶层出身的大学生的就业难问题逐渐出现,并有不断严重化的发展趋势。但是,由于规模并没有明显扩张,因此精英高等教育在招生和就业上仍无较大的问题出现。

在普及化高等教育时代,高等教育公平的问题全方位凸显。在这一阶段里,在各种外力的影响下,三种类型的高等教育机构呈现略有不同的发展趋势。普及

---

① 另外,非精英教育机构的精英化还体现在升学选拔和教育教学过程控制的严格性上。
② 在这一阶段的高等学校里,几乎没有现代意义上的平民。因为高校中平民的数量极少,所以当时的经济资助体系完全能够应付自如。以我国为例,现在的大学生的困难补助的资助形式就源自于精英高等教育时代。
③ 徐高明,吴惠.中国高等教育大众化进程及特征[J].高教发展与评估,2020(6):1-14,117.

化高等教育机构规模迅速地扩张,大众化高等教育机构规模进一步大量扩张,精英高等教育机构规模有所扩张。三类高等教育机构以不同速度进行规模扩张自然带来了性质不同的公平问题。

在这一时期,由于普及化高等教育向所有人开放,所以整体上高等教育入学机会公平的结构性问题几乎消失。但是,进入普及化高等教育机构的人群变为主要是社会中偏下及最低阶层的子女,因此普及化高校中的在校生的学费负担过重与学习动机低下同时成为突出的新问题。在前两个阶段中,中上阶层子弟就学于非精英高等教育机构的例子也较为常见,这被皮埃尔·布尔迪厄称为上层的"自我放逐"。但此时这种"自我放逐"完全不见了踪影,不仅上层就连中产阶层子弟也很少进入普及化高等教育机构学习,美国的社区学院就是这类机构的典型代表。这类普及化高等教育机构以低费用(甚至免费)、技能培训和学程灵活为其基本特征。尽管此类高校的教育费用较低,但一些极度贫困家庭的子弟也仍然负担不起。

在这一时期,大众化高等教育机构尽力扩张,以满足普通大众的优质高等教育需求。这不仅带来了入学机会公平问题,同时也带来就业质量下降的问题。大众化高等教育机构主要面向中产阶级子弟,也招收部分学业较为优秀的社会弱势群体子弟。原来的社会中上阶层的"自我放逐"这时候主要出现在大众化高等教育机构中的准精英类型中。对于弱势群体子弟来说,大众化高等机构的相对较高的学费也是难以承受的。大众化高等教育机构入学机会公平的核心是招生选拔的标准和程序的公平,不过,招生选拔的标准和程序实际上很难兼顾所有社会群体的特殊情况与需求。另外,最为关键而突出的相关问题是大众化高等教育机构本科毕业生就业质量的明显下降。毕业生就业质量是中产阶层从高等教育外部审视和衡量其质量的唯一有效指标,当高等教育外部的经济发展形势相对恒定时,本科就业质量与招生规模呈现高度负相关。大众化高等教育机构毕业生就业质量的明显下降不仅引发了中产阶级对高等教育的极度不满,客观上也相应地推高了他们对精英高等教育的自然的向往和需求。

在这一时期,精英高等教育也出现了与公平相关的一些显著问题。精英高等教育本来是培养各行各业的精英,因此其规模越小越好,但是在社会需求和政策鼓励的推拉合力下,其规模也进一步明显扩张。这不仅使得精英高等教育机构的招生规模在社会上层子弟中迅速扩大,而且它也开始较大比例地吸收来自社会中层和下层的适龄就学人口。来自社会上层或中层的本科生自然在高等教育学费负担、学业准备和学习动机上均不存在较大的问题。不过,来自社会下层的精英高校本科生在胜任学习、完成学业和顺利就业上却碰到很多意想不到的实际困难。于是,平民资优生与精英高等教育公平就成为普及化时代的高等教育公平中的核心问题。

## 三、平民资优生与精英高等教育公平

如前所述,在世界上的大多数国家里,在精英高等教育时代,平民资优生几乎与精英高等教育绝缘。即使在高等教育大众化时代,能够进入精英高等教育机构的平民子弟相对也很少。因此,在这两个时代,也没有过多的平民阶层埋怨其不公平。但是,等到了高等教育普及化时代,如上所述,由于精英高等教育的规模扩张和政策的有意识倾斜,进入精英高校的平民子弟相对就多了起来,尽管从比例而言与其阶层的人口基数仍然不相称。可是,与精英职位后备军扩大不相适应的是,社会能够提供的精英职位仍然相对稳定。一方面,这在客观上带来平民子弟精英历练后相对就业难的问题。另一方面,不管精英高等教育规模如何扩大,能够顺利升入其中学习的总是少数。于是,被政策点燃的激情和愿望无法满足的愤怒、入学前的满腹希望和历练后的就业失望等复杂交织,这就酝酿了有关平民资优生与精英高等教育公平的复杂情绪。

平民资优生中的“平民”的含义在不同时代也有极大变化。在精英高等教育时代,平民主要指父母无官职,但并无经济上贫穷之意,进入精英高等教育机构的绝大部分平民的家庭甚至相当富裕。在高等教育大众化阶段,高等教育中的所谓平民已经无特别富裕之人,但是,整体上平民精英大学生及其家庭的日常生活还是过得去的。到了高等教育普及化阶段,平民就主要变成经济资本少得可怜,甚至是贫困的人家。这时候,就学者个体和全家的希望都寄托在精英高等教育之后的社会成功之上。一方面是精英高等教育促进社会上升功能的客观降低,另一方面却是对促进功能的全社会的高度热望。二者的落差或者叫做矛盾伴随经济困难而不断激化。

与此同时,精英高等教育的概念内涵也在不断地变化,主要的变化趋势是精英高等教育泛化。随着高等教育普及化,原有的传统精英高等教育规模也一定程度地扩张,这当然在高等教育发展的合理范围之内。另一种泛化形式是兼并式高校合并,即,一所传统精英高校吞掉数个规模较小的非精英高等教育机构。当然,这种合并也是特殊的规模扩张的形式。① 还有一种方式是各级政府的相关政策不断扩大"钦定"的精英高等教育机构的数量。综合起来看,这种政策似乎有点饮鸩止渴的味道。精英高等教育机构的自然扩大点燃了民众的希望,但是,这种希望在自发条件下很难完全甚至部分地满足。希望被虚幻化后,就带来更大的不满。当然,决策者可能无法在政策出台之前预料到最终结果。

现代精英高等教育对平民资优生是否公平? 对此,实际上不存在唯一而合理的明确答案。

在精英高等教育入学机会公平上,从比例、绝对数据和最优群体的三个不同角度看,得到的答案就完全不同。从入学者占本社会群体的比例来看,平民精英高等教育入学者的比例肯定明显小于社会优势群体,这就是研究者最关注的精英高等教育不公平的侧面。然而,从入学者的绝对数量来看,精英高等教育中的平民资优生的总量肯定远远高于社会优势群体。② 据此似乎又可以得出明确的结论,即宏观环

---

① 如果仔细比较研究我国的"双一流"高校的群体特征,就不难发现,很多经历过大合并的一些传统精英名校,其教学科研水平和社会声望受到大合并的实际打击相当大,至今也很难说已经完全恢复。

② 这一点还取决于研究者对精英高等教育的范畴定义与划定的实际范围。以我国为例,如果仅仅把精英高等教育定义为北京大学和清华大学,那么在绝对数量上是社会优势群体本科生多于平民资优生。如果把精英高等教育定义为"双一流"建设高校,那么在绝对数量上就肯定会是平民资优生的数量多于社会优势群体本科生。其他国家的情况也大致相同。以美国为例,如果仅仅把精英高等教育定义为常春藤校,那么在绝对数量上是社会优势群体本科生多于平民资优生。如果把研究型州立大学包括在内,那么在绝对数量上就肯定会是平民资优生的数量多于社会优势群体本科生。前者是传统定义,后者是现代定义。在高等教育普及化时代,理论研究上固守传统定义已经没有多少实际的价值。本研究采取后者的定义。

境对优势群体不公平了。这个结论恐怕从感情上没有个体愿意接受,但是,数据所显示的现实特征就是如此。另外,精英高等教育入学机会不公平还有多种潜在形式,比如,精英高校中的平民资优生的平均年龄明显高于社会优势群体大学生,[①]这意味着平民资优生为进入精英高校需要付出更多的努力。再如,平民资优生即使能够进入精英高校,但大多数也只能进入精英高校中的非精英专业。

在精英高等教育过程公平上,从本科生的学习参与、学习过程和学习结果的不同角度来看,得到的答案也不尽相同。一般而言,社会优势群体大学生能够更快和更好地融入大学的学习与生活,对艰苦的专业课程学习更能够应对自如,能够更好地把个体既有优势、高校专业特色和社会就业形势结合起来,把学习行为的内在价值和外在价值最大化。[②]

在就业机会获得公平上,平民资优生的就业质量明显低于社会优势群体本科毕业生。迄今为止,几乎没有与此相反的实证研究结果。在这个侧面上,理论积累的观点多少透露出一些现实悲观的色彩。这种略显单调而令人伤心的结果却有着十分复杂的形成机制,该机制需要从人力资本积累、人力资本类型和人力资本的市场变现条件等诸多角度去综合观察。从同一类型的人力资本的数量积累来看,平民资优生在进入精英高等教育前就处于相对弱势,在本科学习过程中,人力资本积累的效率和效果也相对比较差。从人力资本类型来看,平民资优生"选择"的大都是市场价值相对较弱的高校类型和专业类型。[③] 从人力资本的市场变

---

① 大龄大学生还可能会在就业上处于劣势。大龄大学生在社会中的就业竞争劣势与社会的内在属性密切相关。在以庇护型流动为主的社会里,大龄大学生的就业劣势相对较为明显,在以竞争型流动为主的社会里,大龄大学生的就业劣势相对不明显。庇护型流动与竞争型流动是以社会上升流动特征为指标对西方社会的分类,前者的典型代表是英国,后者的典型代表是美国(参见,Turner R H. Sponsored and Contest Mobility and the School System[J]. American Sociological Review, 1960,25(6): 855 - 867)。但是,后来,又有学者认为美国社会上升流动的基本模式不是竞争型而是锦标赛型(参见,Rosenbaum J E. Career Mobility in a Corporate Hierarchy[M].Orlando, Florida: Academic Press,1984)。

② 徐国兴.学与教的"双一流":本科生优质学习的教学生成机制[M].上海:华东师范大学出版社,2021: 20 - 50。

③ 在一个国家的精英高等教育体系中,还可以根据不同标准,把这些高校再详细分为不同类型。不同类型的精英高校的本科文凭对于就业来说,显然具有不同的价值。

现条件来看,人力资本的内在价值在市场上顺利变现需要与个体的社会资本及文化资本等有机结合,而平民资优生相对缺少社会资本和文化资本等促进人力资本实现最优变现的客观条件。因此,现代社会的各级政府会有意识地在精英高等教育的相关政策上给予平民资优生一定的倾斜。但是,这个缺陷的弥补也不完全是政府的责任和义务,所以,这尤其需要平民资优生的合理自我定位和加倍努力奋斗。只有如此,平民资优生才能最大程度地获取倾斜政策资助的红利。

三种精英高等教育不公平的形式之间存在密切关系,前者是后者形成的重要原因,后者是前者影响的不断累积。在从起点到结果的过程中,不公平的形式从多样到单一,并从潜在到显现。

但是,理解平民资优生与精英高等教育公平的关系还需要把握整体和特殊个体之间的复杂关系,因为精英高等教育过程是一个社会不断筛选个体和个体自我筛选的综合过程。在这个过程中,确实有少量平民资优生能够从千锤百炼中脱颖而出,成为综合素质绝不逊于社会优势群体大学生的名副其实的社会精英——寒门贵子。这部分平民精英的存在对于其个人、社会结构体系和平民资优生群体整体来说均必不可少。对其个人和社会的基本功能已经如上所述,这里仅分析其存在对平民资优生群体的诸多价值。这部分"成功者"的存在对于大部分平民资优生"失败者"的准确自我定位具有重要意义,它能够让"失败者"把竞争失败的原因完全归于自身,并坦然接受失败,但却不失去生之动机,有研究者称之为高等教育的动机冷却功能。① 据此而言,这也是现代精英高等教育的社会化功能的完美发挥的体现之一。

## 第三节 公平原理中的世界普遍性与中国特殊性

本节从公平的普遍原理及世界的具体实践出发,进而分析我国精英高等教育

---

① Clark B R. The "Cooling-Out" Function in Higher Education[J]. American Journal of Sociology, 1960, 65(6): 569 - 576.

公平的特殊性。在此基础上,提出观察与分析相关现实问题时应该进行深入的理论思考。

## 一、公平的普遍原理与世界的具体实践

公平是现代社会的理想追求之一。随着社会的进步和发展,公平逐渐成为任何社会政策和教育政策制定时均必须认真考虑的基本标准。在高等教育领域里就更是如此了。相关理念集中体现在"肯定性法案"中。"肯定性法案"不仅存在于英美等发达国家,也存在于印度等一些发展中国家。当然,同类政策的实施效果可能因国别而有异。在与本研究相关之处,"肯定性法案"中的公平政策具体体现为:高等教育入学机会适当向社会弱势群体倾斜;政府及其附属的公共部门,如公立中小学校教师等,在招聘时适当向弱势群体大学毕业生倾斜;在高等教育过程公平中,面向社会弱势群体大学生,以完善经济资助体系为核心构建综合支持体系,提供特别的学习支持措施。

在高等教育已经深入普及化发展的国家里,高等教育公平政策在当下的核心议题已经转变为平民资优生与精英高等教育公平,[①]即,相关政策如何最大限度地保障平民资优生能够获得与自身学业成绩、潜在能力相配的优质高等教育。这其实是上述一般性的高等教育公平政策在精英高等教育领域中的具体化和特殊表现。以下就简要阐述美国的精英高等教育公平政策当前如何在实践中贯彻,以及实施中出现的主要问题。

美国精英高等教育公平政策主要由各州政府负责实施,各州政策大同小异。以下就以农业人口较多的德克萨斯州的相关政策作为案例来说明,德克萨斯州的政策叫做"Top10%计划"。[②]该计划规定,来自社会弱势群体家庭的高中毕业生,

①　Toutkoushian R K, Paulsen M B. Economics of Higher Education[M]. Berlin: Springer, 2016: 371-387.

②　Niu S X, Tienda, M, Cortes, K. College Selectivity and the Texas Top 10% law[J]. Economics of Education Review, 2006,25: 259-272.

只要其学业成绩位于所就读高中的 10％以内，就有资格升入本州的州立研究型大学的本科学习。州政府首先指定符合要求的地区，然后再指定符合要求的高中，相应地自然也有一套严格的预防弄虚作假的具体措施。

但是，对这项政策也存在着激烈的批评。批评主要有两个：第一，该计划存在理念和实际的冲突，因为它实际上是反向歧视，①所以，导入政策后不久又废除的州也不少；第二，该政策有可能导致社会弱势群体不当升学选择。这种不当体现在两个方面：一方面，综合考虑各方情况，某平民资优生也许选择升入职业培训或研究水平较低的高等院校更适合一些；另一方面，有些学生也许更适合学术水平更高的州外大学或私立研究型大学。但因为该政策的刺激，他们均选择了相对过低或相对过高的并不完全适合自己的高校。

## 二、公平政策的中国实践

与美国类似，我国也有促进平民资优生的精英高等教育机会公平的政策，这些政策的核心是高考招生中的各种专项计划。2012 年，我国开始实施"国家专项计划"，招生对象为中西部贫困地区的县（县级市）以下高考生，但不限于农村。2014 年又同时开始实施"高校专项计划"和"地方专项计划"，这两个专项计划都只面向农村高考生。② 至 2021 年，三个专项计划已经同步实施了 8 年，这些专项计划在一流高校中为我国多培养了 60 万农村出身的优秀大学生。③ 我国的这些专项计划相关的政策与美国政策的具体规定多有不同，比如，在我国，确定考生的升学资格是通过考生的户籍而非所在高中，再如，招生选拔通过与其他考生一样的

①　Holzer H, Neumark D. Assessing Affirmative Action[J]. Journal of Economic Literature, 2000,38,483 - 568;丁坤,张丽.理想与困境：肯定性行动计划与美国女性高等教育的发展[J].河北大学学报(哲学社会科学版),2011(6)：23 - 27.

②　徐国兴.跟跑也不易："双一流"高校专项生学业表现与发展研究[J].教育发展研究,2019(19)：8 - 17.

③　中安在线.教育部：全国 770 多个招生单位已公布学校复试分数线[EB/OL]. (2020 - 05 - 12)[2021 - 09 - 10]. http://news.anhuinews.com/system/2020/05/12/008421720.shtml.

统一高考来进行。① 最关键的一点差异在于,我国执行专项招生计划的高校均是全国最顶尖高校,而美国却并非如此。当然,两个国家的政策的基本精神高度一致。

我国理论界也对该政策存在一些批评的声音。而且,在具体实施中,似乎出现了上热下冷以及局外热局内冷的窘迫局面。同时,也出现了一些未曾预想的结果,比如,专项生成为学校填补计划缺额的工具。因此,对政策的实际效果究竟如何今后仍需深入和系统的实证研究。

## 三、关于未来的几点思考

围绕农村资优生与精英高等教育公平这个议题,以下提出三个需要深入思考的研究方向。

第一,重新和系统地认识现代社会的运行状态和其中的自我修正机制。动态地看,与静态观察完全不同,现代社会体系整体上均具有较强的自我更新、自我修正或者说调整机制。从这个意义上来说,社会不公平和高等教育不公平也许并没有人们主观意识上感觉到的那么强烈,尽管不能说这些不公平完全不存在。因此,有效的政策必须建立在对社会结构特征和自我调整机制的准确把握基础之上,把政策介入手段有机融入社会本来具有的自我调整机制之中。

第二,比较而言,精英阶层相对具有封闭性。从这个角度来看,即使是现代社会也确实有些不公平。但是,精英阶层的封闭性,是相对于外部社会而言的,也就说,在精英阶层的内部,在精英社会等级的自我循环过程中,仍然存在相对较高的公平。其中,上层突然跌入下层和下层骤然升入上层都是常见之事。而且,近距离的层级变动异常频繁。因此,分析精英高等教育公平,仅仅采取整体的观点远远不够,必须理解精英阶层及其再生产的特殊性。

第三,平民资优生与精英高等教育公平成为普及化时代高等教育公平的核心议题,在我国则具现为农村资优生与精英高等教育公平。如前所述,在传统社会

---

① 最初也有个别高校实施专项计划的自主招生,但是,后来大都因为成本过大而被迫放弃。

中,整体上,平民阶层几乎与精英高等教育无缘。一方面,这个议题从边缘走向核心意味着社会的公平水平的整体提升与显著改善;另一方面,成为核心议题也意味着这个领域尚有许多需要进一步改善的政策空间。它既不同于一般社会的高等教育公平,也不同于精英阶层的精英高等教育公平,它具有文脉和内涵的双重独特性,也具有中国特殊性,相应地就要求异常独特的政策措施。但是,目前而言,包括政府部门的决策者和研究者,整个社会似乎均尚未全面理解它所具有的多重独特性。

# 参考文献

［1］Andrews R，Imberman S A，Lovenheim M. Recruiting and Supporting Low-income，High-achieving Students at Flagship Universities［J］. Economics of Education Review，2020，74(1)：1 – 19.

［2］Arum R，Roksa J. Aspiring Adults Adrift：Tentative Transitions of College Graduates［M］. Chicago：University of Chicago Press，2014.

［3］Basil Bernstein. Class Codes and Control (Vol. 3)［M］. London：Routledge and Kegan Paul，1975：116 – 156.

［4］Bourdieu P. The Forms of Capital［A］. Halsey A H et al. Education：Culture Economy and Society［C］. Oxford：Oxford University Press，1997：46 – 58.

［5］Chapman B，Doan D. Introduction to the Special Issue "Higher Education Financing：Student Loans"［J］. Economics of Education Review，2019，71(1)：1 – 6.

［6］Chapman B，Higgins T，Stiglitz J E. Income Contingent Loans：Theory，Practice and Prospects［M］. London：Palgrave Macmillan，2014：1 – 30.

［7］Clark B R. The "Cooling-Out" Function in Higher Education［J］. American Journal of Sociology，1960，65(6)：569 – 576.

［8］Cleary J L，Kerrigan M R，Noy M V. Towards a New Understanding of Labor Market Alignment［M］//Higher education：Handbook of theory and research. Berlin：Springer，2017：577 – 629.

［9］Coleman J. Social Capital in the Creation of Human Capital［J］. American Journal of Sociology，1988，94(1)：95 – 120.

［10］Czarnecki K，Korpi T，Nelson K. Student Support and Tuition Fee Systems in Comparative Perspective［J］，Studies in Higher Education，2020，45(1)：1 – 16.

［11］Holzer H，Neumark D. Assessing Affirmative Action［J］. Journal of Economic Literature，2000，38：483 – 568.

[12] Johnstone D B. The Economics and Politics of Cost-Sharing in Higher Education：Comparative Perspectives[J]. Economics of Education Review, 2004, 23(2)：403 - 410.

[13] Lindsay C P, Judith Scott-Clayton. Improving College Access in the United States：Barriers and Policy Responses[J]. Economics of Education review, 2016, 55：4 - 22.

[14] Maslow A H. A Theory of Human Motivation[J]. Psychological Review, 1943, 50(4)：370 - 396.

[15] Matthew M J, Rockenbach A N, Bowman N A, et al. How College Affects Students(Vol. 3), 21st Century Evidence that Higher Education Works[M]. San Francisco CA：Jossey-Bass, 2016：1 - 21.

[16] McMahon W W. Higher Learning, Greater Good：The Private and Social Benefits of Highereducation[M]. Baltimore：The Johns Hopkins University Press, 2009.

[17] Michael Young. The Rise of the Meritocracy 1870 - 2033：An Essay on Education and Equality[M]. Harmondsworth, Middlesex：Penguin, 1979：11 - 18.

[18] Ng Y C. Economic Development, Human Capital, and Gender Earnings Differentials in China[J]. Economics of Education Review, 2004, 23(6)：587 - 603.

[19] Niu S X, Tienda M, Cortes K. College Selectivity and the Texas Top 10% law[J]. Economics of Education Review, 2006, 25：259 - 272.

[20] Raymond B. Education Opportunity and Social Inequality：Changing Perspectives in Western Society[M]. New York：John Wiley - Interscience, 1974：2 - 19.

[21] Rosenbaum J E. Career Mobility in a Corporate Hierarchy[M]. Orlando, Florida：Academic Press, 1984.

[22] The Department of Education, Skills and Employment Australia. HELP loans[EB/OL]. [2021 - 08 - 03]. https：//www.studyassist.gov.au/help-loans.

[23] Toutkoushian R K, Paulsen M B. Economics of Higher Education[M]. Berlin：Springer, 2016：45 - 148, 275 - 322, 371 - 387.

[24] Turner R H. Sponsored and Contest Mobility and the School System[J]. American Sociological Review, 1960, 25(6)：855 - 867.

[25] Woodhall, M. Student loan[A]. Carnoy M. International Encyclopedia of Economics of Education[C]. Cambridge UK：Cambridge University Press, 1995：313 - 320.

[26] [美]爱德华·W. 萨义德.知识分子论[M].单德兴,译.北京：生活·读书·新知三联书店,2011：44 - 59.

[27] 鲍威.未完成的转型：高等教育影响力与学生发展[M].北京：教育科学出版社,2014.

[28] [法]布尔迪厄,P.文化资本与社会炼金术[M].包亚明,译.上海：上海人民出版社,1997：79 - 91.

[29] [美]布鲁斯·约翰斯通,[美]帕玛拉·马库齐.高等教育财政：国际视野中的成本分担[M].沈红,李红桃,孙涛,译.武汉：华中科技大学出版社,2010：6 - 35.

[30] 蔡诚,杨澄宇.财富不平等与遗产税的财富分布效应[J].中国经济问题,2018(9)：86 - 95.

[31] 常旭旻.赫拉克利特的"对立面之统一性"学说再析——一种非辩证法的考察[J].世界哲

学,2017(2)：132－141,161.

[32] 陈有春,奉艳云.新中国高校学生资助制度的历史嬗变[J].湖南农业大学学报(社会科学版),2006(1)：69－72.

[33] 陈志敏.国家治理、全球治理与世界秩序建构[J].中国社会科学,2016(6)：14－21.

[34] 程猛,康永久.“物或损之而益”——关于底层文化资本的另一种言说[J].清华大学教育研究,2016(4)：83－91.

[35] 程猛.“读书的料”及其文化生产——当代农家子弟成长叙事研究[M].北京：中国社会科学出版社,2018.

[36] 池建新.论高等教育普及化语境中教育机会公平的保障——以日本为借鉴[J].南京师大学报(社会科学版),2016(3)：88－95.

[37] 代玉启,李济沅.“小镇做题家”现象的透视与解析[J].中国青年研究,2021(7)：89－95.

[38] 丁坤,张丽.理想与困境：肯定性行动计划与美国女性高等教育的发展[J].河北大学学报(哲学社会科学版),2011(6)：23－28.

[39] 范先佐.我国学生资助制度的回顾与反思[J].华中师范大学学报(人文社会科学版),2010(6)：123－132.

[40] 范晓婷,曲绍卫,纪效珲,等.我国普通高中学生资助政策执行效果评估——基于2014年全国38个省级单位的实证分析[J].教育科学,2015(8)：69－74.

[41] 方晨晨.家庭背景、课外补习与学生非认知能力的关系研究——基于中国教育追踪调查数据的经验证据[J].当代教育论坛,2018(4)：39－46.

[42] 方建锋.国内外政府购买教育服务的实践形式和约束机制[J].教育发展研究,2018(3)：44－50.

[43] 费正清.中国：传统与变迁[M].长春：吉林出版集团有限公司,2008：3－15.

[44] 冯建军.教育公正——政治哲学的视角[M].福州：福建教育出版社,2008：16－25,54－121.

[45] 冯涛.按收入比例还款型助学贷款的国际比较及中国的未来选择方案[J].中国高教研究,2018(3)：74－79.

[46] 冯涛.大学生资助政策的历史回顾与制度设计[J].中国高等教育,2018(12)：40－42.

[47] 冯涛.国家助学贷款制度研究[M].上海：上海社会科学院出版社,2009：1－9.

[48] 冯向东.高等教育研究中的“思辨”与“实证”方法辨析[J].北京大学教育评论,2010(1)：172－178.

[49] 高文豪,崔盛.普及化阶段高等教育层次结构调整的国际借鉴[J].大学教育科学,2021(01)：111－119.

[50] 郭康松,陈莉.清代考据学派的学术特色及学术贡献[J].史学史研究,2019(2)：38－46.

[51] 国家统计局.2020年农民工监测调查报告[EB/OL].(2021－04－30)[2021－07－12].http://www.stats.gov.cn/tjsj/zxfb/202104/t20210430_1816933.html.

[52] 何怀宏.平等[M].北京：生活·读书·新知三联书店,2017.

[53] 何怀宏.世袭社会[M].北京：北京大学出版社,2011：1－7.

[54] 何怀宏.选举社会[M].北京：北京大学出版社,2011：353－362.

[55] [日] 和辻哲郎.风土[M].陈力卫,译.北京：商务印书馆,2018：123-135.

[56] 胡建华.高等教育普及化的中国特点[J].高等教育研究,2021(5)：27-34.

[57] 胡咏梅,范文凤,丁维莉.影子教育是否扩大教育结果的不均等——基于PISA2012上海数据的经验研究[J].北京大学教育评论,2015(3)：29-47.

[58] 黄宇仁.万历十五年[M].北京：生活·读书·新知三联书店,2015：248-249,302-320.

[59] 冀云阳,赵颖博,黄帅.国外最优遗产税理论研究综述与评析[J].税务研究,2020(12)：90-96.

[60] 教育部,财政部,中国人民银行,银保监会.教育部财政部中国人民银行银保监会关于调整完善国家助学贷款有关政策的通知(教财〔2020〕4号)[EB/OL].[2021-08-15].http://www.xszz.cee.edu.cn/index.php/shows/10/3973.html.

[61] 教育部,财政部.教育部财政部关于认真做好高等学校家庭经济困难学生认定工作的指导意见(教财〔2007〕8号)[EB/OL].[2021-08-04].http://www.xszz.cee.edu.cn/index.php/shows/10/1248.html.

[62] 教育部.额度上调！4部门联合发布通知,进一步完善国家助学贷款政策[EB/OL].[2021-09-15].https://mp.weixin.qq.com/s/22Ajp2jkrWPMhmlDAbZFDQ.

[63] [美] 雷恩·麦克维.日本高等教育的奇迹与反思[M].徐国兴,译.上海：华东师范大学出版社,2020：37-124.

[64] 李锋亮.教育的信息功能与生产功能：一个筛选理论实证检验方法的文献综述[J].中国劳动经济学,2006(2)：153-183.

[65] 李红桃.国家助学贷款运行机制[M].武汉：华中科技大学出版社,2008：60-92.

[66] 李立国,吴秋翔.从权利平等、机会平等到发展平等——基于我国倾斜性招生政策的分析[J].教育研究,2020(3)：95-105.

[67] 梁晨,董浩,任韵竹,等.江山代有才人出——中国教育精英的来源与转变(1865—2014)[J].社会学研究,2017(3)：48-71.

[68] 刘儒,刘江,王舒弘.乡村振兴战略：历史脉络、理论逻辑、推进路径[J].西北农林科技大学学报(社会科学版),2020(2)：1-9.

[69] 刘云杉,王志明,杨晓芳.精英的选拔：身份、地域与资本的视角——跨入北京大学的农家子弟(1978—2005)[J].清华大学教育研究,2009(5)：42-59.

[70] 刘振天.论"过程主导"的高等教育质量观[J].北京大学教育评论,2013(3)：171-180.

[71] [美] 罗伯特·K.默顿.社会理论和社会结构[M].唐少杰,齐心,等,译.南京：译林出版社,2015：385-452.

[72] 马丁·特罗,徐丹,连进军.从精英到大众再到普及高等教育的反思：二战后现代社会高等教育的形态与阶段[J].大学教育科学,2009(3)：5-24.

[73] [德] 马克思.哥达纲领批判[M].北京：人民出版社,2015：29.

[74] [法] 皮埃尔·布尔迪厄,[法] J.-C.帕斯隆.继承人——大学生与文化[M].邢克超,译.北京：商务印书馆,2021.

[75] 秦春华.为什么上大学[EB/OL].[2021-09-04].https://www.sohu.com/a/487765282_475956.

[76] 曲绍卫,范晓婷,曲垠姣.高校大学生资助管理绩效评估研究——基于中央直属120所高校的实证分析[J].教育研究,2015(8):42-48.

[77] 曲垠姣,岳昌君,曲绍卫.大学生资助政策发展脉络及特色[J].中国高等教育,2019(7):28-30.

[78] 全国学生资助管理中心.普通高等教育学生资助政策[EB/OL].(2021-05-20)[2021-08-04].http://www.xszz.cee.edu.cn/index.php/shows/109/4183.html.

[79] [美]桑德尔·迈克尔.公正该如何做是好[M].朱慧玲,译.北京:中信出版社,2011:20-21,200,252-253.

[80] 社保网.上海生育津贴2021年新政策,2021生育津贴领取标准及规定[EB/OL].[2021-08-02].http://shebao.southmoney.com/shengyu/202104/101533.html.

[81] 王建华.教育公平或许是无用的:一种不合时宜的沉思[J].教育发展研究,2017(19):20-24.

[82] 王世岳,周璇."普及后"的中国高等教育去向何处[J].江苏高教,2021(6):117-124.

[83] 王伟宜,吴雪.高等教育入学机会获得的城乡差异分析——基于1982—2010年我国16所高校的实证调查[J].复旦教育论坛,2014(6):77-81.

[84] 吴亮.美国高等教育入学机会的阶层公平保障:缘起、发展与趋势[J].高教探索,2020(5):52-57.

[85] 吴秋翔,崔盛.农村学生重点大学入学机会的区域差异——基于高校专项计划数据的实证分析[J].中国高教研究,2018(4):70-77.

[86] 吴愈晓.教育分流体制与中国的教育分层(1978—2008)[J].社会学研究,2013,28(4):179-202,245-246.

[87] 吴愈晓.社会分层视野下的中国教育公平:宏观趋势与微观机制[J].南京师大学报(社会科学版),2020(4):18-35.

[88] 谢爱磊.精英高校中的农村籍学生——社会流动与生存心态的转变[J].教育研究,2016(11):74-81.

[89] 新浪网."小镇做题家"已沦为"985废物"?[EB/OL].(2020-08-18).http://edu.sina.com.cn/l/2020-08-18/doc-iivhuipn9239027.shtml.

[90] 新浪新闻.博士论文致谢意外走红,黄国平是这样一步步走出来的[EB/OL].(2021-04-23)[2021-08-20].https://news.sina.com.cn/s/2021-04-23/doc-ikmxzfmk8442111.shtml.

[91] 徐高明,吴惠.中国高等教育大众化进程及特征[J].高教发展与评估,2020(6):1-15.

[92] 徐国兴.高等教育学费和机会均等[J].教育与经济,2004(4):6-11.

[93] 徐国兴.从现实出发论高等教育公平[J].复旦教育论坛,2013(1):5-9.

[94] 徐国兴.高等教育经济学[M].北京:北京大学出版社,2013.

[95] 徐国兴.美国研究生和本科生资助体系特征的比较及启示[J].学位与研究生教育,2015(3):69-72.

[96] 徐国兴,日本国家助学贷款制度的嬗变:1943—2010[M].上海:上海三联书店,2017.

[97] 徐国兴.大学生资助体系完善策略探析[J].教育发展研究,2018(1):14-18,68.

[98] 徐国兴.跟跑也不易:"双一流"高校专项生学业表现与发展研究[J].教育发展研究,2019 (19):8-17.

[99] 徐国兴.学与教的"双一流":本科生优质学习的教学生成机制[M].上海:华东师范大学出版社,2021:20-50.

[100] 薛海平,赵阳.高中生参加课外补习有助于考大学吗[J].华东师范大学学报(教育科学版),2020(5):93-102.

[101] 薛海平.从学校教育到影子教育:教育竞争与社会再生产[J].北京大学教育评论,2015,13 (03):47-69,188-189.

[102] 严敏,朱春奎.美国社会福利制度的历史发展与运营管理[J].南京社会科学,2014(4): 88-94.

[103] 阎光才.如何理解中国当下教育实证研究取向[J].大学教育科学,2020(5):4-11.

[104] 杨克瑞.战后美国联邦政府大学生资助政策研究[M].北京:北京师范大学出版社,2008: 19-47.

[105] 杨璐.小镇做题家:如何自立三联生活周刊[EB/OL]2020年第37期.(2020-09-09) [2021-08-19].http://www.lifeweek.com.cn/2020/0909/54056.shtml.

[106] 杨穗,鲍传健.改革开放40年中国社会救助减贫:实践、绩效与前瞻[J].改革,2018(12): 112-122.

[107] 杨长湧,刘栩畅,陈大鹏,等.百年未有大变局下的世界经济中长期走势[J].宏观经济研究,2020(8):5-14.

[108] 俞可平.重新思考平等、公平和正义[J].学术月刊,2017(4):5-14.

[109] 禹奎,刘锋.美国遗产税制度运行及变迁对我国的启示[J].税务研究,2018(9):70-75.

[110] 袁振国.双优先:教育现代化的中国模式——为改革开放四十周年而作[J].华东师范大学学报(教育科学版),2018,36(4):1-18,162.

[111] 张薇,马克·贝磊,姜文峰.影子教育比较研究的历史回顾与未来展望[J].华东师范大学学报(教育科学版),2020,38(11):21-38.

[112] 张维迎.市场的逻辑[M].上海:上海人民出版社,2012:31-54.

[113] 赵宝,乔学斌.大学生兼职现象及影响因素研究[J].当代青年研究,2014(3):58-64.

[114] 赵群,王婧妍,冒荣.跳"农门"的大学生与城镇化——1990—2019年我国高等教育对城镇化直接影响系数初析[J].江苏高教,2021(3):27-32.

[115] 赵晓华.清代直隶赈灾体系及其实践[J].人民论坛,2020(1):12-15.

[116] 赵鑫,周冠环.英国追求高等教育机会公平的经验及启示[J].高教发展与评估,2014(3): 69-75.

[117] 郑秉文.建立社会保障"长效机制"的12点思考——国际比较的角度[J].管理世界,2005 (10):58-67.

[118] 中安在线.教育部:全国770多个招生单位已公布学校复试分数线[EB/OL].(2020-05-12)[2021-09-10].http://news.anhuinews.com/system/2020/05/12/008421720.shtml.

[119] 中共中央办公厅,国务院办公厅.关于进一步减轻义务教育阶段学生作业负担和校外培训负担的意见[EB/OL].(2021-07-24)[2021-08-20].http://www.moe.gov.cn/jyb_

xxgk/moe_1777/moe_1778/202107/t20210724_546576.html.

［120］中国社会科学院语言研究所.现代汉语词典(第四版)［M］.北京：商务印书馆,2002：400,919.

［121］中国政府网.2020 年全国教育事业统计主要结果［EB/OL］.(2021 - 03 - 01)［2021 - 08 - 20］.http://www.gov.cn/shuju/2021-03/01/content_5589503.htm.